SHODENSHA
SHINSHO

それでも、自転車に乗りますか?

佐滝剛弘

祥伝社新書

はじめに

「それでも、自転車に乗りますか?」――こう問いかける本の著者だからといって、私は決して〝自転車嫌い〟ではない――。むしろ自転車愛好者のひとりである。しかも、かなりの筋金入りと自負している。

まず、今も片道一一・五キロ、およそ四〇分の道のりをほぼ毎日自転車で通勤している。すでに一五年になる。

高校時代の三年間は、夏は焼けつくように暑く、冬は伊吹《いぶき》おろしが吹きすさぶ名古屋で、雨の日も風の日も自転車通学を通した。

大学時代は、体育会の自転車部の活動に多くを費した。北海道・宗谷《そうや》岬から沖縄・波照間島《はてるまじま》まで、日本全国を自転車で駆け抜け、自転車愛好家が「ヒルクライム」(＝hill climb)と呼ぶ山登りや峠道を次々と制覇した。自転車で、富士山五合目も、日本の車道における最高地点である標高二七〇〇メートルあまりの乗鞍岳《のりくらだけ》・畳平《たたみだいら》へも登りきった。大学三年のときには、東京六大学をはじめ、当時四〇を超える首都圏の大学の自転車部・サイクリング部が加盟していた「東日本学生サイクリング連盟」の理事長を任された。

さらに、大学の卒業論文のテーマも、自転車である。『都市交通体系における自転車の位置と役割』。指導教官は、趣味を卒論にしてしまった私の厚顔無恥《こうがんむち》に苦笑していたが、その後、世界各地で実際に、自転車は都市交通体系において、重要な役割を果たすようになった。

そんな自転車愛好家の私が、なぜ「それでも乗りますか?」などと問いかけなければならなくなったのか?

二〇一一年三月一一日に発生した東日本大震災は、首都圏においてはほぼすべての鉄道を麻痺《まひ》させ、大量の帰宅困難者を生み出した。徒歩で帰路についた〝難民〟の一部は、歩き疲れて、あるいは自宅までの途方《とほう》もない道のりに嫌気がさし、開いていた自転車屋さんに飛びこんで、自転車を買い求めた。

すでに自転車通勤をしていた人たちは、騒然とする歩道と大渋滞の車道の隙間を縫《ぬ》って、いつもと同じように帰宅できた。自転車も、ラジオや蓄電池と同じように、災害に強いグッズとして、急速にクローズアップされたのだ。

そのせいか、四月以降、東京都心に向かう幹線道路では、自転車の通行量が明らかに増した。それにともなって、自転車同士、あるいは自転車と歩行者との事故や事故寸前の接触などが増えているという報道を頻繁《ひんぱん》に目にするようになった。

いや、大震災で突然ということではなく、ここ一〇年ほど、交通事故による死者数は大きく減少しているにもかかわらず、自転車の事故はそれほど減っていない。とくに対歩行者の事故は増加傾向にあり、自転車事故とは思えない高額の損害賠償の支払いがニュースになっている。〝危険な自転車〟は、すでに社会問題化しつつあるといってよい。

かくいう私自身も、損害賠償をともなう自転車事故を起こし、さらに、私の子どもも自転車事故の加害者となって、解決までに四年の歳月を要した。〝社会問題〟は、自身と家族の問題でもあったのだ。

大きな事故だけでなく、往復二三キロの私の通勤路でも、日々危険が潜《ひそ》む。ウインカーを出さないで左折する車にぶつかりそうになり、車道から歩道に迂回《うかい》しようとすれば、その段差で転びそうになる。会社を出るときは晴れていたのに、にわかに掻《か》き曇った空から大粒の雨が落ちてくると、快適なサイクリングも、びしょ濡れになりながらひたすら地面を見て家路を急ぐ不機嫌な時間になる。もちろん、自分自身が、他の車や歩行者に迷惑をかけたり、自転車事故の加害者になりうる可能性とも日々隣り合わせである。

それでも、乗り続けようとする自転車の存在意義とは、何なのか？　昨今では、〝暴走〟自転車とか、マナー不在とか、とかく否定的な目で見られることの多い自転車は、本当に車からも歩行者からも厄介者のままでよいのか？

私は、自転車の普及を推進する団体に属しているわけでもないし、都市政策の専門家でもない。ただ、これまでに、日本のほぼすべての市町村と五〇以上の国を、自転車だけでなく、鉄道やマイカー、レンタカーなど、さまざまな交通手段で回ったことで、交通体系のありかたや道路行政については、人並み以上に敏感に注意を払ってきたつもりである。

そんな問題意識から、あらためて、ひとりのサイクリストの立場から、単なる自転車礼賛《らいさん》ではなく、冷徹《れいてつ》にその存在を見つめた上で、どうあれば、すべての人にとって、「それでも乗りたい自転車」として、もう一度認知されるのかを考えてみようというのが、本書の趣旨である。

本書の前半では、自転車の障害と危険についてできるだけ具体的に問題点を浮かび上がらせた。後半では、自転車を都市交通に位置づける多様な取り組みについて、海外の現地取材も含めて、最新の事情を提示しようと努めた。

今も自転車を愛好している人、かつては乗っていたが今は遠ざかっている人、この機会に自転車通勤に切り替《か》えようと考えている人はもちろん、「自転車は迷惑以外の何物でもない」と否定的に考えておられる人にも、本書を手にとってもらえたらと願っている。

二〇一一年一一月末日

佐滝剛弘《さたきよしひろ》

それでも、自転車に乗りますか？――目次

目　次

第五章　自転車社会の先進事例

目　次

※本文中に使用した写真は、【写真42】を除き、すべて著者および著者が依頼した関係者が撮影した。

序章　日本は世界の自転車先進国？

外国人も驚く日本の自転車社会

最近まで東京の大学に留学していた、ある外国人の知人が、日本に来ていちばん不思議に思ったこととして次のように話してくれたことがある。

「自転車に乗ってスーパーに行くおばさんやおばあさん。制服のスカートを翻《ひるがえ》して通学する女子高生。スーツ姿で家から駅まで自転車に乗るサラリーマンたち。雨が降っているにもかかわらず、傘をさしながら片手で自転車を運転する人たち。このすべてがとても不思議に思われた。私の国ではまず見ない光景だ！」

たしかに、駅前、病院、市役所、スーパーマーケット、学校などなど、日本で自転車を見ない場所はほとんどない。しかも一定の年齢層に偏《かたよ》ることなく、男女の区別もなく、ほぼすべての世代や年代の人たちが乗っている。私たちにとっては当たり前のように思えるこの光景は、日本が世界でも冠《かん》たる自

【写真1】自転車に乗る市民の姿が目立つ、北欧デンマーク・コペンハーゲン（2011年6月撮影）

転車大国であることを映し出す鏡である。

具体的な数字を見てみよう。『自転車統計要覧第四五版』（自転車産業振興協会）によれば、二〇〇五年の日本の自転車保有台数は、八六六五万台であり、総人口でこの台数を割ると、ひとり当たり〇・七台を少し下回る程度となる。つまり三人家族に二台の自転車があるということだ。

【写真2】スウェーデン・ストックホルムの中心でも自転車専用レーンが整備されている（2010年8月撮影）

世界を見渡すと、人口よりも自転車の台数が上回っているのは、オランダだけである。ほかに日本よりも人口当たりの保有率が高いのは、デンマークなど北欧の国々とドイツしかない。【写真1】【写真2】

しかも、これらの国では、日本よりもはるかに自転車が普及しやすい地理的・気候的条件が整っている。自転車王国オランダとデンマークを例にとると、オランダは国内最高地点が標高三二二メートル、デンマークに至っては一七〇メートルあまり。

ほぼ〝平坦な国〟といってよいし、年間降水量も一〇〇〇ミリ以下と雨も少ない。山地ばかりで、猛暑や豪雨や豪雪といった気象条件を持つ日本と比べれば、自転車運転の障害はぐっと少ない。

また、オランダもデンマークも自動車の完成車メーカーは存在しない（オランダには小規模のスポーツ車メーカーがあるにはある）。一方の日本は、世界でも有数の自動車産業の集積国で、産業界に占めるウェイトは高く、したがってその道路政策も、発言力の強い自動車産業界に影響されて、車中心になりがちだ（さらにデンマークでは、新車購入の際には、車両価格の一〇五〜一八〇パーセントもの高額の登録税がかかる。付加価値税二五パーセントも加えると、新車を買おうとすると、車両価格の二、三倍もの費用がかかるため、車両購入のハードルが高く、自転車へのシフトが起きやすいという面も見逃せない）。

こうした条件を差し引いて比べれば、日本は世界最先端の自転車普及国といっても過言ではないだろう。雨も雪も降り、台風も来襲し、坂だらけで、乗用車を購入するハードルも低い日本で、これだけ自転車が普及しているのは、まさに驚異的といってもよいであろう。

クルマ離れの加速

加えて、日本では「クルマ離れ」ともいうべき現象が顕著になっている。日本自動車販売協会連合会のデータによれば、二〇〇三年にはおよそ四〇三万台あった国内の新車販売台数は、その後ほぼ毎年のように減少し、二〇〇九年には二九二万台と、二七パーセントも減少した。二〇一〇年は、「エコカー減税」（環境対応車普及促進税制）の効果などもあって、再び三〇〇万台を超えたが、二〇一一年は一〇月の時点で、前年比二二・二パーセント減、大震災の影響もあって大幅に落ち込んだ。

不況や先行き不安による買い控《びか》えだけではなく、これまで車への関心が高かった若年層が車に魅力を感じなくなり、売れなくなっているという分析も多く目にするようになった。地球環境への関心の高まりから、二酸化炭素などの排出の多い自動車から、公共交通機関や自転車へ切り替える人、健康への意識が高まったことで、車の利用を控え、徒歩や自転車に切り替える人など、これまで便利一辺倒だった日本人の考え方が変わりつつある。

もちろん、九五年から〇四年までほぼ一リットル一〇〇円前後で推移していたガソリンの小売価格がそれ以降急速に高騰《こうとう》し、〇八年には一七〇円を超すまでになった（その後一時急落したが、二〇一一年秋現在では、一四〇～一五〇円を推移している）こともあり、こうした経済的な要因も大きいであろう。

いずれにせよ、ここ一〇年、自動車にとって分《ぶ》が悪い状況が続いている。自動車と自転車利用の関係は、完全ではないにせよ、緩《ゆる》やかなトレードオフ（二律背反）の関係にあるので、自転車の側から見れば、新たな利用者が増加する要因となっていると考えてよいだろう。

自転車通勤についても、企業を挙げて支援する動きが目立つ。三洋電機東京製作所（群馬県、現在はパナソニックの子会社）、デンソー、前田建設工業、はてな（ウェブのブックマークサービスなどブログ関連のサービスを提供する企業）などでは、企業全体で自転車通勤を支援する仕組みが明確に位置づけられている。マイカー通勤を減らして社内の駐車場不足を解決するためであったり、環境に優しい企業というイメージアップのためであったり、社員の健康増進のためであったりと理由はさまざまだが、自転車通勤手当の支給、駐輪場やシャワールームの整備など、自転車通勤者を受け入れようとする具体的な施策が行なわれている。また、メディアが取り上げることで、そうした企業の存在が広く社会に認知されるという現象も起きはじめている。

　私の自宅の近くに、二〇一〇年、自転車のチェーン店が開業したが、その店頭には、自転車通勤を勧めるポスター【写真3】が貼られている。実際、この店の中を見ると、さまざまな用途の自転車がある中で、とくに通勤用の自転車の展示が充実してきている。日本の自転車メーカーもそのあたりのことを意識しているようで、スポーツタイプ風ではあるが、前カゴが標準装備されているような「簡易スポーツ型」ともいうべき自転車が相次いで発売されている。「少し長めの距離を毎日走る」ような使い方、つまり通勤用にふさわしい自転車の開発に力を入れていることが実感される。

【写真3】通勤・通学の走行距離によって、どの自転車が適しているかを表わしたポスター

東日本大震災後、自転車は着実に〝増えた〟

「三月一一日の災害直後から通勤用の足として注文が殺到し、陳列《ちんれつ》した婦人車、スポーツ車が完売するほどでした」（東京都の自転車店主）

「地震の影響で、当店始まって以来の販売台数でした」（埼玉県の自転車店主）

これらはいずれも、二〇一一年三月に発生した東日本大震災のあと、自転車がどう売れたかを語る首都圏の自転車店主の声（ともに『自転車国内販売動向調査月報　平成二三年三月分』から抜粋）である。もはや説明の言葉もいらないほどだが、東日本大震災は、自転車が思わぬ形でさらに注目される契機となった。

一つめは鉄道が止まった際の帰宅困難者の足としての位置づけである。大震災の当日、〝難民〟となった通勤者が、帰路に自転車を買い求めたことが、その証《あかし》である。

震災当夜だけでなく、震災後しばらく首都圏で計画停電により鉄道が間引《まび》き運転されて、利便性が低くなったため、時間が読める自転車への切り替えを考えた人も多かったと思われる。

二つめは、大震災後しばらくガソリンの入手が困難な状態が続き、マイカーに乗りたくてもガソリンを入れることができなかった人の代替《だいたい》手段として、自転車が注目された点である。一つめが「鉄道の代替」だとすれば、この二つめは「クルマの代替」といえる。

三つめは、一つめと関連性が高いが、帰宅困難を経験した人たちの間に、いざというとき、歩いて帰れないような遠いところに住むリスクを考慮して、都心に近い（しかも液状化を心配しなくてもよい）地域への転居、いわゆる「都心回帰」現象が見られはじめたこと。都心に近くなれば、駐車場代が高くなる（家賃も高くなる）ので、自動車を手放して、自転車に切り替えようという人も増えるというわけである。

自転車の増加の実態を数字で見てみよう。

日本自転車普及協会の統計によると、国内の自転車出荷台数は、二〇〇九年、前年比一一・九パーセント減、二〇一〇年も一・五パーセント減と減少傾向が続いていたが、大震災後の二〇一一年四月は、前年同月比六パーセント増の五五万八〇〇〇台あまりとなった。とりわけ、通勤用途が多いとみられるスポーツ車は二三パーセント増と大幅に増加している。四～六月の三カ月を取っても、前年比二〇パーセント増となっている。

また、売上高ベースで見ても、二〇一一年三月の売上高は前年同月に比べて、突出して多くなっている。たとえば、全国チェーンを展開する大手自転車販売の株式会社あさひの売上高を見ると、前年比五七・九パーセント。店舗増加を差し引いた既存店ベースで比べても、四五・六パーセントも増加した。

また、NPO法人自転車活用推進研究会が四月に東京・杉並区《すぎなみ》でカウントした調査によれば、大震災前より四倍以上も自転車の通行量が増えたところがあるという（NHKニュース「おはよう日本」六月八日放送より）。自転車は、大震災後、着実に〝増えた〟のである。【写真4】

自転車ブームの明暗

自転車に関わる社会的な問題は、以前から駅前の放置自転車であったり、二人乗りや無灯火《むとうか》が危険だと取り上げられたりと、おりに触れてあった。しかし、よい点、悪い点を含めて、さまざまな観点から注目を集めはじめたのは、ここ一〇年くらいのこと考えてよい。

書店に行けば、私が学生のころには『サイクルスポーツ』くらいしかなかった自転車をテーマにした雑誌も、今ではゆうに一〇誌以上見つけることができるし、男性誌、女性誌、経済誌などジャンルを問わず、自転車特集が花盛りだ。

【写真4】平日の朝、都心に向かう幹線道路は自転車通勤者であふれる。国道246号線の渋谷付近で。（2011年10月撮影）

自転車をテーマにしたテレビ番組も増えている。「自転車百景」（日本テレビ　二〇〇八年四月～）、「チャレンジ・ホビー　自転車で旅をしよう」（NHK・Eテレ　二〇一一年三月～五月）、「銀輪の風」（BS―TBS　二〇〇六年一〇月～）、「自転車専科」（BSフジ　二〇一〇年一月～六月）、NHKの「男自転車ふたり旅」「女自転車ふたり旅」シリーズ（二〇〇七年～〇九年）、「にっぽん縦断こころ旅」（火《ひ》野《の》正平《しょうへい》が自転車で日本各地を巡る紀行番組、NHKプレミアム　二〇一一年四月～）など枚挙にいとまがない。趣味・紀行番組だけでなく、「クローズアップ現代」

（NHK総合）の「〝ツーキニスト〟が世界を変える？」のような、自転車政策の課題を正面から取り上げた番組も放送（二〇一一年五月二五日）された。

自転車ショップでは、完成車だけでなく、おしゃれな自転車関連グッズが女性向けのカラフルな雑貨屋さんのようなノリでサイクリストを惹《ひ》きつけている。

一方で、マイナスの要素で注目を集めるケースも少なくない。二〇一一年九月には、人気お笑いコンビのひとりが、後輪にブレーキがついていない競技用の自転車「ピスト」を運転していたとして、警視庁に道路交通法違反で摘発《てきはつ》されるということがあった。人身事故を起こしたわけでもないので、普通なら、スポーツ新聞の芸能欄に小さく扱われる程度のバリューしかないニュースのはずだが、一般紙でもテレビのニュースやワイドショーでも大きく取り上げられた。二〇一〇年には、こうしたブレーキの不備の自転車の摘発が警視庁だけで年間六六一件、二〇一一年もそれを上回るペースで摘発が増加していることもあわせて報道されており、自転車がよきにつけ悪《あ》しきにつけ、社会問題化していることを示すメディアの扱いであった。

事故も増加傾向

自転車利用の増加は、事故の増加にもつながっている。警視庁によると、東京都内で二〇一一年一～八月に起きた交通事故のうち、三七・八パーセントが自転車の関わった事故となっており、前年同時期に比べて、一・五ポイント高く、このままでは過去一〇年で最悪の割合になるペースである。

このうち、自転車事故の発生が最も多いのは、午前八～一〇時という通勤・通学の時間帯であり、事故関係者の年齢層では二〇～三〇代が多くなっている。通勤時間帯に自転車に乗る若年層、つまり若い通勤利用者による事故が増えていると見ることができる。

世田谷区《せたがや》では、二〇一二年春に自転車を利用する区民共通の行動規範を「(仮称)世田谷区民自転車利用憲章」として定めることを決め、一一年一〇月から三カ月間、意見や提案を求める「意見募集」を行なっている。

その背景には、二〇〇九年に区内で起きた交通事故のうち四一パーセントの一四九一件が自転車事故であったこと、二〇一一年上半期の自転車事故が六一一件と都内の自治体で最悪であったことなどがある。一〇年前に決めた「世田谷区自転車等の利用に関する総合計画」を四月に改定し、自転車を利用する環境の整備、安全な利用の普及などに向けた取り組みをさらに推進していく方針となった。大震災は、自転車利用の増加を促した半面、自転車問題の存在を一層くっきりと浮かび上がらせたのだ。

さて、自転車には多くの用途がある。買い物や近所への所用、子どもの幼稚園や保育園への送迎で使う場合もあれば、通勤・通学もある。同じ通勤・通学でも、自宅から最寄り駅までの利用もあれば、自宅からダイレクトに勤務先や学校に行くケースもあろう。週末に郊外までサイクリングをして楽しむということもあろうし、自転車の乗れるコースのある公園まで出向くということもあるかもしれない。最もハードなものでは、自転車で日本一周、世界一周などという冒険旅行も究極の用途のひとつだろう。用途が異なれば、自転車の運転に対する意識や知識のレベルはさまざまであるが、本書では、レジャーやスポーツとしての自転車よりも、都市交通の一部を担《にな》う位置づけとしての自転車、つまり日常の移動としての自転車利用に力点を置いて考えたい。今、自転車が注目されている理由がもっぱら、その観点からだからである。

また英語では、マウンテンバイクのように、自転車のことを指して「バイク」と呼び、日本でも、これにならって、自転車をバイクと呼ぶ愛好家も増えている。しかし、この言葉は、一般的にはまだオートバイを指すことが多い。本書では、混乱を避けるために、それぞれ自転車、オートバイと表記することとし、バイクという言葉はあえて使わないこととした。

第一章　自転車の運転につきまとう、さまざまな障害

多摩川河畔《たまがわかはん》から渋谷《しぶや》へ

まず、この章では、自転車に乗るということがいかに大変なことか、私の毎日の通勤ルートを例にご紹介したい。

私は、東京都大田《おおた》区と神奈川県川崎市の境を流れる多摩川下流域の大田区側に住んで九年あまりになる。東海道新幹線に乗って、東京の市街地を抜け、多摩川の鉄橋を渡りはじめると、すぐ右手、上流側に見える道路橋「丸子《まるこ》橋」が、我が家に最も近いランドマークである。

通勤先は渋谷区。電車なら、東急東横線《とうきゆうとうよこ》多摩川駅まで一〇分ほど歩き、一五分から二〇分ほど車中の人となり、渋谷駅で降りて再び歩いて一五分ほどでオフィスにたどり着く。このルートだと、日によって多少違うが、通勤時間は四五～五〇分程度である。しかし、電車に乗るのは、朝から雨が強く降っているときと著《いちじる》しく体調が悪いときくらいで、たいていは直接自宅からオフィスまで自転車で通っている。直線距離で八キロ、道路上の実際の距離は、装着しているサイクルコンピュータ（速度計のほか走行距離、平均速度、消費カロリーなどを計測して表示する小型の計器）で測ると、一一・

五キロ。これを通常は三五分から四〇分ほどで走破するので、電車通勤よりも一〇分程度速い。仕事柄、緊急対応で鉄道が走っていない深夜に会社に呼び出されることが稀《まれ》にあるが、そのときもタクシーを電話で呼んだり、路上で探したりするよりも、即自転車で駆けつけるほうがはるかに早く会社に着けることも、日々、自転車通勤をしている理由のひとつだ。

業務の打ち合わせやプライベートで出かけるときにも、山手線内《やまのて》であれば、たいてい自転車で行く。たとえば渋谷のオフィスから文化施設が集積する上野公園までは、自転車でほぼ四〇分、これも地下鉄やＪＲで行こうとすると、待ち時間も含めれば、五〇分前後かかる。再開発で一躍ビジネス街となった汐留《しおどめ》へ行く機会も多いが、ここだと自転車で三〇分、やはり鉄道を利用するより速い。東京の都心部はいくら地下鉄などが発達しているとはいえ、駅前から駅前へ移動するということでなければ、自転車を用いたほうが速いことが多いといってよい。上野から多摩川の自宅まで長駆《ちょうく》しても、一時間程度で着く。

おこう。

愛車は、〝ママチャリもどき〟

さて、通勤ルートの紹介の前に、私がどんな自転車に乗っているかについて触れて

学生時代から通算三〇年以上も自転車に乗っているというと、さぞ高価で高性能の自転車を愛用しているのだろうと思われがちだが、今乗っている自転車は、メーカーはブリヂストン、商品名はサブナードスポーツといい、店頭価格は二〇〇八年の購入時でおよそ三万五〇〇〇円。自転車の分類でいえば、短距離用のシティ車で、〝ママチャリ〟とスポーツ車の中間くらいの仕様である。【写真5】自分では、〝ママチャリもどき〟と呼んでいる。ハンドルはフラット（まっすぐ）で、スポーツ車の一種であるクロスバイクに近い。ペダルと後輪のギアの比率を変える変速機も装備されていて、ハンドル右のグリップを回すと、後輪についている六枚の歯車にチェーンを掛け替えられる。つまり、六段変速車である。自重は一六キログラム程度と、これもスポーツ車と旧来のママチャリの間くらいである。

現在、中長距離の通勤利用にはロードバイク（ドロップハンドルの本格的なスポーツ車）、

【写真5】わが愛車。三年以上乗っているので、かなりくたびれている

クロスバイク（ロードバイクとマウンテンバイクの中間で、ハンドルはフラット）と呼ばれるスポーツ仕様の自転車を愛用する人が多いが、比較的安価なママチャリもどきに乗っている理由は、やむなく街角に駐輪することが多く、高価な自転車だと盗難が心配なことと、日ごろの運動不足解消の目的もあるので、軽快なスポーツ車よりも、少し重い車体のほうが負荷がかかってほどよい運動になるのでは、という考えからである。

それから、ハンドルの前に大きめのカゴがつけられるのも助かっている。スポーツタイプの自転車だと、カゴを取りつけるのが難しいため、リュックを背負ったり、ショルダーバッグを掛けたりして走ることになるのだが、仕事の資料や本、地図、カメラなど、通勤でもかなり重い荷物になってしまうため、リュックやショルダーでは肩に負担がかかってしまい、四〇分も背負いつづけるのがつらいからだ。

ちなみに、大学時代には、股下や腕の長さなどを測ってそれに合わせてオーダーメイドで作るランドナーというツーリング専用の自転車に乗っていた。三〇年以上前でも一〇万円を超す、学生にしてはかなり高価な自転車であった。

自転車の価格はピンキリで、最近ではホームセンターや大手スーパーは当然のこと、自転車専門店でも一万円を切るものも珍しくない一方、フランスやイタリアのスポーツ車には一〇〇万円を超すものもざらにある。この本は、自転車選びの本ではないので、これ以上詳しい話には踏み込まないが、私が六段変速のママチャリもどきで通勤していることを知っていただいた上で、毎日の通勤路をご紹介したい。その往復の途上には、現在の自転車の問題が凝縮されているからだ。

四〇分の通勤路は、山あり谷あり

自宅からしばらく走ると、中原《なかはら》街道（神奈川県平塚《ひらつか》市から、丸子橋を渡って東京都品川《しながわ》区五反田《ごたんだ》にいたる幹線道路）に出るが、その交差点の見通しが悪く、いったん停止して左右を十分確認しないと、歩道を疾走する自転車にぶつかりそうになることがたびたび

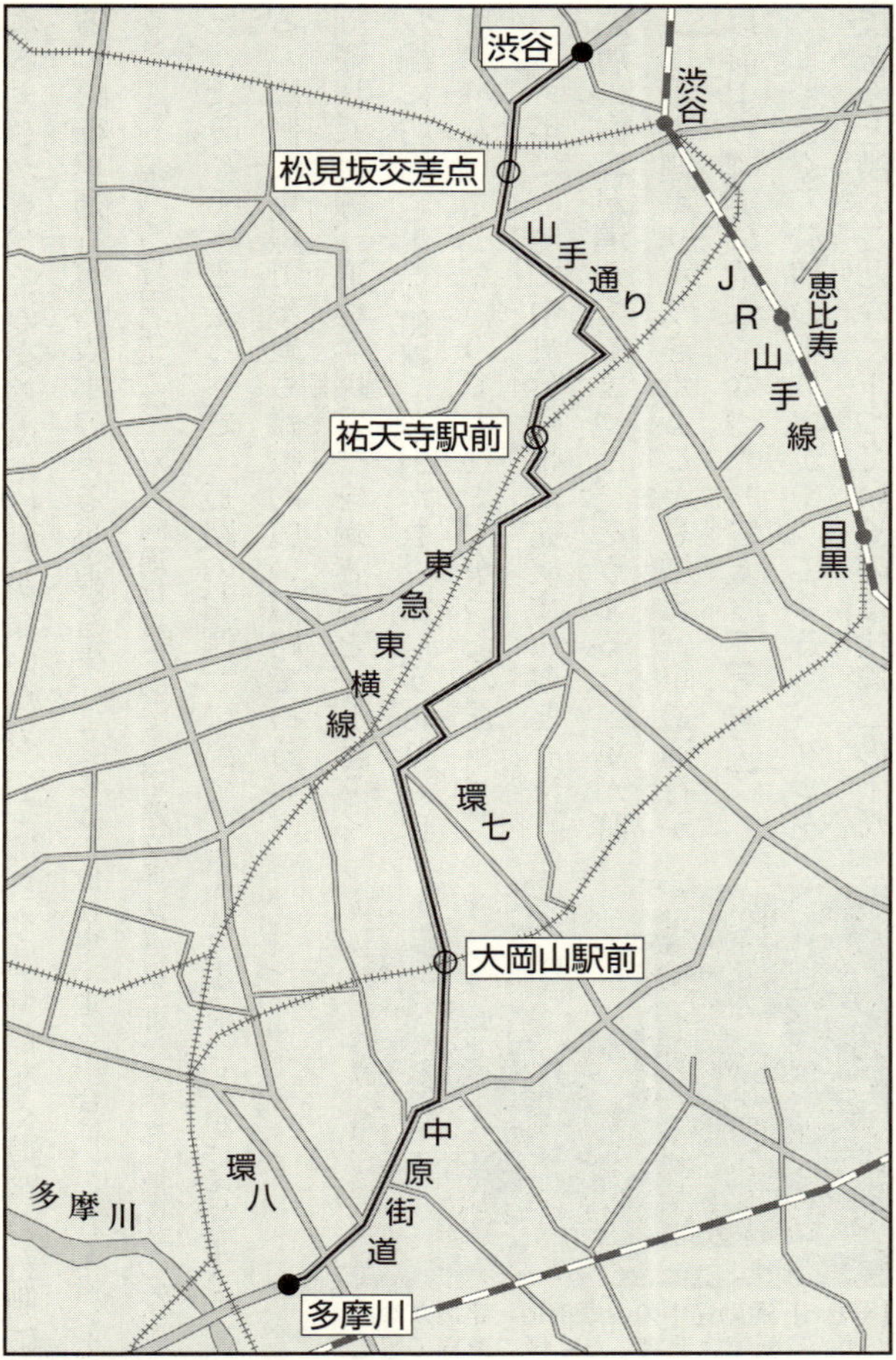

【地図1】多摩川から渋谷への通勤路

ある。しかも、その交差点に信号がないため、しばらくはやむなく道路の右側にある、自転車通行可の表示のある歩道を走って（歩道を自転車で走る場合は、これを書いている二〇一一年一〇月現在では、双方向通行可なので、道路交通法違反ではない）、最初の交差点で、ようやく本来走るべき「道路の左側」に出て、車道を走ることができるようになる。片側二車線で歩道も比較的広い道路である。

環状八号線、通称「環八《かんぱち》」を過ぎると、しばらく左端に白線（車道外側線）が引かれた路肩《ろかた》があり、自動車が入ってこないので走りやすかったのだが、二〇一一年になって中央分離帯が完成するとともに、路肩の白線が消えてしまった。そうすると、車が時には歩道側ギリギリを走ることも増え、車道通行が以前より確実に危なくなった。【写真6】【写真7】

まもなく、最初の下り坂がやってくる。ペダルをほとんど漕《こ》ぐことなく下っていくのは快適この上な

【写真6】通勤途中の中原街道。路肩がないため、自転車は混雑した片側二車線の脇をすり抜けるように通らなければならない

【写真7】ゴミ箱や路上駐車の車が進路前方を塞ぐと、さらに走行場所は狭くなる

いのだが、坂を下りきったところに大きな交差点があり、たいていその赤信号で止められる。下り坂でせっかく加速したスピードも、いったん停止でまた一から漕ぐことになる。信号が変わると今度は緩い上り坂が始まる。しかもこのあたりは車道が渋滞し、脇にもオートバイなどが数珠《じゅず》つなぎになるので、安全のため、やむなく自転車通行可能な歩道に逃げることが多いのだが、今度は、歩道が信号待ちの人で一杯になり、行く手を塞《ふさ》がれる。【写真8】

中原街道から分かれて東急大岡山《おおおかやま》駅へ向かう道へ。朝の最初の難関は、その大岡山駅まで一キロほどずっと続く上り坂である。大岡山駅前はスクランブル交差点。歩行者用の信号が自転車用にもなっているのだが、朝は駅から東京工業大学正門に向かって大勢の人が斜めに渡ってくるので、自転車は人をよけながらの運転にならざるをえず、ここはとても神経を使う。やはり、車の進行に合わせ、車道の青信号で渡ったほう

が危なくないが、道路交通法では、「自転車専用の信号がある場合は、それに従うこと」（第七条）と明記されているので、車道の青信号で渡るのは法律違反になってしまう。

その後は、比較的広いのに車の通行が少ない道路が環状七号線（環七《かんなな》）まで続いているので、ちょっとホッとできる区間である。ただし、環七の手前には小学校があって、私が通過するころは、ちょうど通学時間帯に当たる。子どもは突然、思わぬ動きをすることがあるから、ぶつかることのないよう、極力スピード控え目ですり抜けなければならない。

危険の連続

環七を北へ走り、次の信号を渡ると下り坂となる。その名も碑《いしぶみ》さくら通りといい、両側は緑濃い桜並木になっていて、四月はじめには、満開の桜の下を走る

【写真8】車道から歩道に逃れても、歩行者が多く危険

ことになる。一年にたった数日ではあるが、桜吹雪の下り坂を走るこのほんの三〇秒ほどが最も気持ちのよい区間なのだが、この下り坂の途中と下りきったところにも信号があり、たいていはブレーキをかけながらの走行となる。【写真9】
ダイエー碑文谷《ひもんや》店の脇へ出て、目黒《めぐろ》通りを都心へ向かう。ここは片道三車線。朝七時から九時半までは一番歩道寄りがバスレーンになっている。ところが実際には、バス以外の普通の乗用車やトラックの通行が結構多く、もちろん、オートバイも多い。【写真10】思わず広い歩道を走りたい誘惑にかられるが、対向する自転車もあるし、車道を横切るところの段差が深く、そのたびに全身にガタンと大きな衝撃を受けるので、車道を選んで走る。途中から再び脇道にそれ、歩車道の区別のない道を北上する。

【写真9】下り坂の桜並木。スピードが出るが途中に信号機がある

しかし、この道にもかなり大きな危険が潜《ひそ》んでいる。途中にある交差点では、駅へ急ぐ歩行者とかち合

うが、道幅が狭いこともあって、赤信号でも平気で横切ってくる歩行者が少なくない。こちらが青信号だからといって油断してスピードを上げると、そうした歩行者にぶつかりそうになる。しかも歩行者のほうに、信号を無視しているという感覚はなく、信号の指示どおり走っている自転車が悪いと言わんばかりの顔をされることも稀ではない。

次の交差点は、信号がなく、交差する両方向に一時停止の標識があるのだが、こちらが自転車だと一時停止してくれない車が多く、この標識は実はほとんど役に立っていない。もちろん、自転車が一時停止を無視して疾走していくケースもある。自分の中では、ここは常に赤信号だという気持ちで通るようにしている。

また、この道は一方通行ではあるが、日本では、一方通行標識のほとんどに、「自転車は除く」という標識があり、どちら向きに走ってもよいので、帰りも同

【写真10】目黒通り。バス停で停車しているこのバスを追い抜くべきか、後ろで待つべきか悩む

じ道を逆方向から走るのだが、同じ交差点でも、逆方向には一時停止の標識がない。【写真11】自動車は一方通行だから不要だと判断されているのだろう。つまり、自転車には一方通行を免除して両方向の通行を認めながら、自転車用に一時停止の標識を設けていないのだ。道路の状況を知らないと、そのまま通過してしまいそうになるが、明らかに一時停止が必要な交差点である。

【写真11】一方通行の道を逆から見たところ。一時停止の標識はない

片側一車線の幹線道路、駒沢《こまざわ》通りに出て、すぐに東《とう》急東横線《きゅうとうよこせん》祐天寺《ゆうてんじ》駅前の商店街の狭い道に入る。歩行者や自転車に加え、路線バスまで入ってくる、歩行者にも自転車にも厄介な道路。【写真12】ここも気が抜けない。

商店街を抜け、中目黒《なかめぐろ》へと向かう細い道を下り坂で快走。【写真13】しかし、ここも坂の下が信号のない、両方向とも見通しが悪い交差点で、交差点に設置されたミラーで私の自転車が映っているはずなのに、止まってくれる自動車は少ない。気をつけていても危うくぶつかりそうになったことが数度ある。

ゴール近くに難所が

中目黒の裏道を抜けると、幹線道路のひとつ、山手《やまて》通りに出る。歩道の歩行者も、車道の車も通行量が多いところで、しかも商店やレストランが並んでいるせいか、路肩に駐車する車が多い。ここもかなり危ない思いをして通過する。**【写真14】**

さて、春には桜が水面に覆いかぶさるように花をつける目黒川を渡ると、複雑な五叉路《ごさろ》に差しかかる。**【地図2】【写真15】**まっすぐ行けば、国道二四六号線（玉川《たまがわ》通り）にぶつかり、山手通りは右前方へとカーブしていく。私はこの右斜め前方の道へ行き

【写真12】祐天寺駅前の通り。歩行者、自動車、自転車がごった返すところに、バスが頻繁に入ってくる

たいのだが、左側の車線は、直進の自動車用。しかも、直進する自動車がほとんどである。真ん中の車線へと車線変更したいが、何度後ろを振り返っても危なくてなかなか出られない。そこで、歩行者が交差点を渡るように、いったん直進して、横断歩道の脇で待ち、信号が変わってからその横断歩道を渡って、右斜め前方の道へ入っている。現在、原付（原動機付自転車）も自転車も、この「二段階右折」が原則なので、こ

【写真13】通勤途上でいちばんの下り坂。時速40km は出る急な道だが道幅は狭い

【写真14】交通量の多い山手通り。路上駐車が多く、バス停もあって、かなり危険

【写真15】斜め右方向へ行きたいのだが、右側車線へ移るのは危険

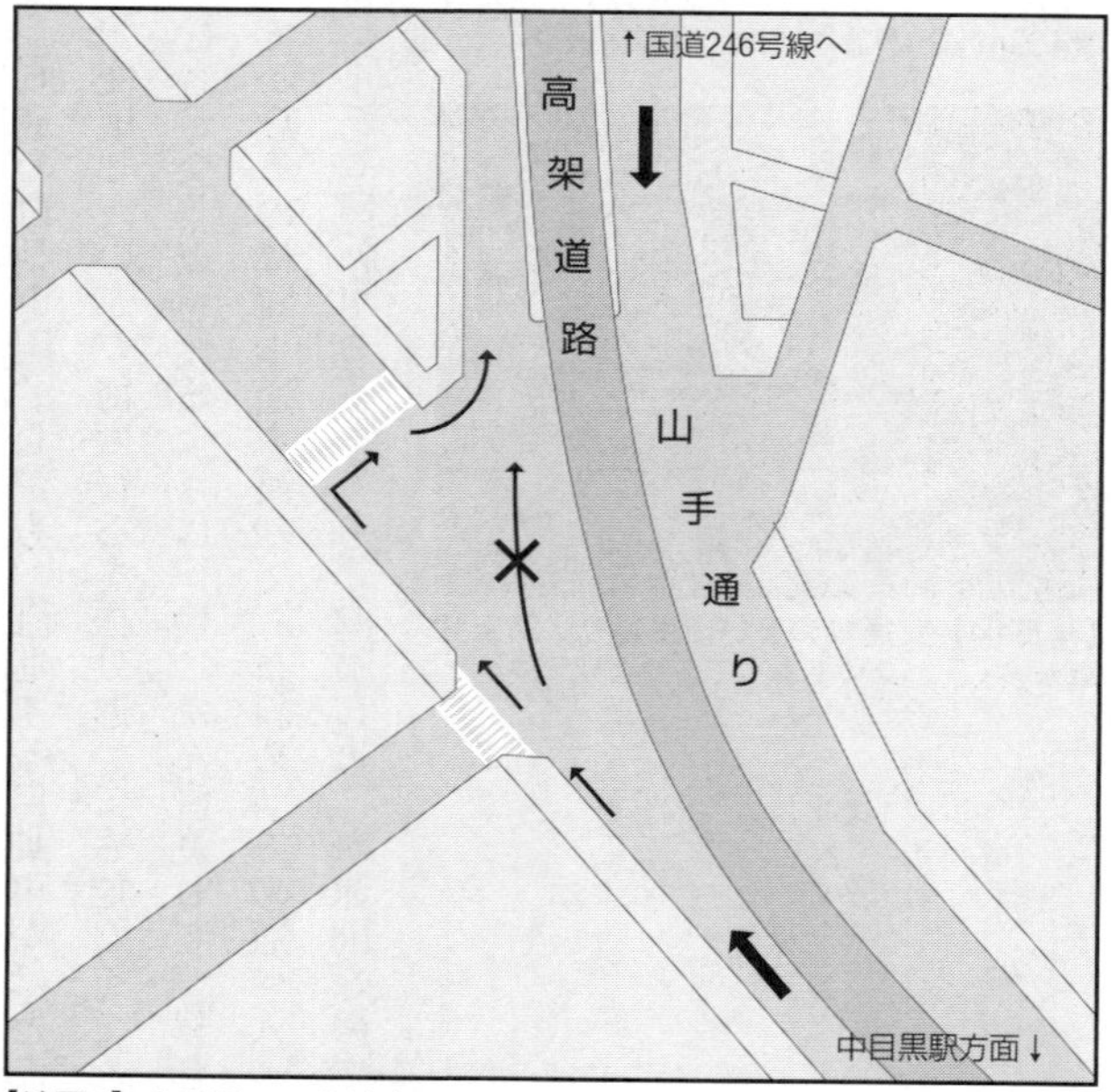

【地図2】山手通りの分岐点

れが正しい渡り方とはいえ、「自転車は車道を走れ」といわれながら、ここだけ突然、〝歩行者〟になって渡るしかない。このあたりのルールの曖昧《あいまい》さも、自転車が〝車両〟として認知されにくい理由のひとつであろう。

そして、いよいよ最後の上り坂。二四六号線をアンダーパスでくぐったあたりから、六〇〇メートルほど登りが続く。しかも途中、淡島《あわしま》通りと交差する松見坂《まつみざか》交差点に信号があって、ここで止められると再び走り出すのがつらい。とはいえ、淡島通りから都心方向へは震災以降、通勤の自転車族の姿がめっきり増えたため、あまりつらそうに走るところは見られたくない。さらに、信号の先は、ママチャリなら降りざるをえないほどの一〇パーセント程度の勾配《こうばい》が、短区間ではあるが待っている。腰をサドルから上げて漕《こ》ぐ、「スタンディング」（立ち漕ぎ）で通過するが、夏はここで汗だくになり、冬でさえうっすらと汗がにじむ。【写真16】

【写真16】山手通りと淡島通りの交差点。ここを前方に登っていく道は、かなり急である

山手通りを渡って、渋谷の東急百貨店本店まで、最後の下り坂を楽しむといいたいところだが、ここは車の一方通行路を逆走する形になる上、狭い道路の両側にガードレールで隔《へだ》てられた歩道があって、前方から車が来ると、ほとんど逃げ場がなく、せっかくの下り坂も途中で対向車を待つ羽目になることが多い。高級住宅街で知られる松濤《しょうとう》の家並みをかすめると、まもなく職場である。駐輪場に無事滑《すべ》りこむと本当にホッとする。

ちなみに、職場の駐輪場は、登録制で、屋根はないが自転車の前輪を固定する設備があり、ある程度のキャパシティがある。また、道路を挟んだ職場の反対側には区営の駐輪場があり、二時間までは無料、一二時間までは一〇〇円で停《と》められるので、こちらに置くこともできる。

しかし、夏に限ってはこれで終わりではない。六月下旬から九月下旬までのほぼ三か月間は、上半身はTシャツだけで出勤し、職場に着いて汗がひいてからこっそり無人の会議室を探して着替えてから仕事につく。この時間も、「自転車の通勤タイム」に加えるならば、二分ほどプラスになる。

幹線道路を走るか、生活道路を走るか

帰路は、何もなければ、基本的には同じ道を帰るが、買い物や図書館、劇場などへの寄り道をするために、それ以外のルートを通ることも多い。往路と違うのは、夏以外ではすでに夜の闇《やみ》が訪れてから帰路につくため、それだけ危険が増すこと。とくに大震災以降は、道路の街灯がかなり長い区間消えているところがあり、自転車の前照灯をつけていても、すぐ目の前の道路状況が見えないところが何カ所もある。石や空き缶が落ちていても避けられないほどの暗さであり、まだその区間での事故や転倒はないが、かなりの危険ゾーンである。また、早く自宅に帰りたいという気持ちが働くためか、所要時間は往路よりもたいてい二、三分早い。そのぶん昼間より危ない走り方をしているのだろう。

さて、家から会社までのルートは、東京のように道路が縦横に張り巡らされたところならば、無限にある。上述のルートに落ち着いたのは、試行錯誤《しこうさくご》の末、それが道路の混雑度、勾配、信号の配置など総合的に見て最も快適で合理的だということで、自然とそのルートに収斂《しゅうれん》したわけだが、走る道路の選択は、いうまでもなくとても重

要である。

安全上の観点からすると、車道を比較的高速で走ることになる幹線道路と、交通量は少ないものの、歩行者や他の車との不慮の事故の可能性が高い生活道路と、どちらを選んで走るかは、なかなか考えどころである。経験を積み、脇を車がびゅんびゅん走っても怖くないという人ならば、幹線道路の車道の端を走ったほうがたぶん安全だし、所要時間も短くて済む。

私も帰路では、国道二四六号線→環七→中原街道と、幹線道路だけを選んで帰ることが時々あるが、青信号の時間が長いことや歩行者などに気を遣《つか》わなくてもよく、スピードを出せるため、通常ルートよりも三、四分早く帰ることができる。ただ往路では、幹線道路の走行路は、他の自転車やオートバイが集中して思うように走ることができないため、むしろ信号の少ない生活道路を選んだほうが快適である。それに、生活道路を走ることで、庭先に咲く花や商店街の店先を見て、季節の移ろいや町の変化を少しは感じたいという気持ちもある。

とはいえ、幹線道路と生活道路でどちらがより多く自転車事故が発生しているかを比べると、それは一目瞭然である。二〇〇九年の数字で、幹線道路での自転車関連事故が五五〇〇七件（三五パーセント）、生活道路での事故が一〇一三五八件（六五パーセント）と、生活道路での事故のほうが倍近くに上っており、危険は、生活道路のほうにより多く潜んでいることを肝《きも》に銘《めい》じて走らなければならない。

具体的な障害〈その1〉――雨

ざっと自分の通勤路をトレースしてみたが、ここであらためて、自転車にとっての障害を挙げてみよう。

まずは、だれもが思い浮かべる雨。自転車にとっての大敵ナンバーワンであろう。高校時代は、雨の日でも合羽《かっぱ》を着て通学していたし、大学時代の長距離サイクリングでは、やはりポンチョを着て走った。ただ、一枚衣類が増すわけで、そのぶん暑くなる。今は、小雨ならヘルメットの代わりに野球帽のようなキャップで眼鏡と頭頂部を濡れないようにしてそのまま走ってしまう。帰りはもう少し強い降りであっても、帰宅してシャワーを浴びれば、風邪《かぜ》をひくこともないので、「強行突破」する。

とはいえ、雨天は見通しが悪くなるだけでなく、ブレーキの利《き》きも悪くなるし、スリップの危険も高くなる。とくに夜の雨天は、自分が見にくいだけでなく、自分を相手から視認してもらうのも難しくなる。できれば乗らないほうが安全であることは論を俟《ま》たない。雨脚があまりに強ければ、弱まるまで雨宿りすることもあるし、やみそうにないときは、やむをえず停められるところに自転車を置いて、その最寄りの駅から電車で帰り、翌朝、またそこまで電車で通勤することも稀にだがある。

その日、自転車に乗るかどうかは、より正確な情報を得るため、インターネットで、雨雲のレーダー観測の画面を必ずチェックし、通勤路で雨が降るかどうかを把握してから判断するようにしている。私が日常閲覧しているのは、東京都下水道局のホームページに記載されている「東京アメッシュ」というウェブ画面である。

朝、出発時に、すでに雨脚が強く、レーダーの画面でも当分降りやみそうもない場合は、電車に切り替えるし、帰宅前に会社で確認してかなりの大雨が当分続きそうだという予想なら、やむをえず自転車を会社の駐輪場に置いて帰る。駐輪場は残念ながら屋根がなく雨ざらしなのでしのびないのだが、あとできちんとメンテナンスすることにして、ここはあきらめることにしている。レーダー画面を見て、もう少し待てば、雨がやみそうだと判断できる場合は、職場で残業をしつつ、帰るタイミングを待つということもある。しかし、レーダーも万能ではなく、雨雲が映っていなくても、実際には雨が降っているというケースがある。

さすがに冬は、濡れると風邪をひきかねないので気を遣うが、夏はもともと着替えを持ってきているし、多少濡れてもかえって体感温度が下がって快適に感じることもあるなど、季節によって対処のスタンスは変わってくる。

それから、東京では一年に一度あるかないかという程度だが、積雪があった場合は、雨以上に気を遣う。雨よりもさらに転倒の危険が高いので、積もりはじめたり、朝アイスバーンになっていたりするようなときは、きっぱり自転車通勤はあきらめる。雪国の方たちにとっては、冬場の自転車利用がいかに大変か、私も東北地方で勤務した経験があるので、ある程度は理解しているが、雪は自転車利用にとっては雨以上に障害となる要素であろう。

雨や雪のために自転車通勤をあきらめ、電車通勤に切り替える頻度《ひんど》は、平均して一カ月に二〜三日程度、一週間にならせば一日あるかないかである。関東平野では、真夏と真冬はほぼ雨が降らず天候が安定するため、一ヵ月以上電車通勤をしなくて済むということも珍しくない。

空《す》いていて座れるなら時々は電車に乗ろうかとも思うのだが、東京でも指折りの混雑路線の、しかも最混雑時間、最混雑区間に乗車するため、車内で本を開くこともままならない。しかも乗車するときは、当然ながら天気が悪いときなので、東横線の場合、それだけでたいてい五分以上遅延する。前の電車につかえてなかなか進まない車内から窓の外を見て雨がやんでいると、「あぁ、自転車にすればよかったかな」と後悔することもしばしばだ。きちんと到着時間が読めるという定時性では、実は鉄道通勤よりも、自転車のほうに軍配が上がる。

傘さし運転は、道交法違反

それでは、自転車利用者が一般に雨の場合どうしているか、アンケートの結果を見てみよう。二〇一〇年に全国の利用者を対象にした「雨天時のシティ車の使用の有無と使用状況」の調査によれば、全利用者のうち、五二・六パーセントとほぼ半数が「雨天時には使用しない」と答えている。次に多いのが、「傘をさして使用（片手運転）する」で三一・二パーセント。続いて「レインコートを着用」が一五・八パーセント。私と同様、「帽子をかぶって使用」が五・七パーセント。「いつもどおりの格好で使用」、つまり傘もささず、帽子やレインコートも着用しないで乗る人が五・六パーセント、そしてもうひとつ「傘をさして使用する（ハンドルなどに傘を固定）」というカテゴリーがあり、三・〇パーセントと、少ないながらも利用の実態がある。

傘をさして運転する行為は、現在、運転中の携帯電話の使用と同様、違反行為と明確に規定されている。三割を超える人が違反している現実は、きわめて由々《ゆゆ》しき問題であろう。

また、「ハンドルなどに傘を固定」というのは、専用の固定具をハンドルなどに取りつけて、傘を持たなくてもよいようにしたアイデア商品で、東京ではあまり見かけないが、関西では雨の日ばかりではなく、日傘での利用もあり、日常的な光景になっている。この「傘をさしながら両手で運転する」行為は、違法といえるのかどうか、これは今も明確な基準が示されていないグレーゾーンである。二〇一一年七月の読売新聞に掲載された次の記事は、その曖昧《あいまい》さを物語っている。

「携帯電話を使用するなど、不安定な状態で自転車を運転するのを禁じる鳥取県道交法施行細則が一〇月一日に改正施行される。そこで注目されるのが、傘の固定具を使っての運転の可否だ。県警は『違反の恐れがある』と使用を控えるよう求めているのに対し、メーカーは『そもそも安定させるために開発した道具。違反のニュアンスが示されると混乱を招く』と反発している」

この商品は、「さすべえ」とか「さすけ」といった商品名で、結構知名度があって、利用者も多い。価格も二〇〇〇円程度と手軽だ。ところが、すでに同様の細則を設けている都道府県では、判断は割れている。

さきほどの読売新聞の記事の続きを引用すると、「東京都では、警視庁がホームページで固定具の使用にふれ『危険な場合があるのでやめましょう』と、事実上、使用をやめるよう呼びかけている。大阪府警の担当者は『傘や自転車のサイズ、強風といえるかどうかなど判断が難しい場合が多く、即座に違反だとは言えない。見つけても注意にとどめることが多い』と明かす」となっている。

私自身は、固定されているとはいえ、傘ごと風にあおられる危険があるし、全身が濡れないような大きな傘にすれば、ハンドルの幅よりも傘のほうがはみ出して、歩行者や他の車に迷惑となるだろうから、使おうと考えたことはない。

そもそもこの商品は、装着した自転車を高速で走らせることは想定していないだろう。ということは、歩道走行を前提にした商品といえそうで、であれば、よけいに歩行者への影響がより大きいことになるのだが、関西であれだけ普及していることを考えると、これが街乗り自転車には必要なものと考える人が少なくない現状をうかがわせる。「雨なら乗らない」という半数以上の人の判断が、安全上もっとも望ましいことはいうまでもない。

具体的な障害〈その2〉——風も大敵

学生時代のサイクリング経験で印象に残っている苦労のひとつは、向かい風の中、海岸沿いのアップダウンの多い道を駆け抜けたときの記憶である。風が強すぎると、下手をすると上り坂の途中でほとんど停止してしまうようなこともしばしばあった。

群馬県の前橋市《まえばし》に勤務していたころは、「上州《じょうしゅう》の空《から》っ風」がいかにすごいかのエピソードとして、地元の人から「学生時代は、自転車通学の際、冬の赤城《あかぎ》おろしがあまりに強く、自転車ごと田んぼに吹き飛ばされた経験がある」などという話をよく聞いた。たしかに自転車にとっては、向かい風も雨に劣らぬ大敵である。競輪《けいりん》のような競技場でのレースでも、一般の道路を走るロードレースでも、優勝するためには、いかに自分の前に別の選手を走らせて風除《よ》けにするかが最大の駆け引きとなるように、自転車のスピードは空気抵抗に大きく影響されるし、その最たるものが向かい風である。

現在の通勤路は、自宅からほぼ真北に渋谷へ向かうルートなので、冬の朝はたいてい向かい風だ。身を切るような北風そのものの冷たさも気持ちを萎《な》えさせるが、漕いでも漕いでも進まない徒労感が一層気持ちを押し戻す。また、目黒通り沿いに一五階建ての大きなマンションがあり、その横はビル風も吹いて、真冬はもっとも風の強い区間となる。

とはいえ、基本的にはビルや住宅が立て込んでいるところを走るので、吹きさらしの場所よりは風の影響は少ないといえるが、とはいえ、やはり風にあおられると自転車はよろけやすい。油断しないようきっちり両手でハンドルを握るという基本は忘れないようにしている。

具体的な障害〈その3〉——坂道にあえぐ

ちょっとしたロードバイクなら平地であれば楽々時速三〇～四〇キロメートルは出せ、私の乗るシティ車でさえ、下り坂なら四〇キロほどは出せる自転車も、とにかく弱いのが上り坂。おそらく、自転車通勤をあきらめる人の中で最も多い理由が、「上り坂がつらいから」ではないだろうか。

実際、都道府県別の人口ひとり当たりの自転車保有台数を調べてみると、二〇〇八年の数字でもっとも低いのが沖縄県で〇・一六台。夏が長い気象条件や戦後のアメリカによる占領でアメリカナイズされて自動車への依存度が高いことが主な理由だと思われるが、那覇《なは》市をはじめ県内にほとんど広い平地がないという地形的条件も理由のひとつだろう。

その次が長崎県で、〇・二一台。こちらの理由はもっぱら坂道の多さだと類推できる。長崎県の人口のうち、二大都市の長崎・佐世保《させぼ》市を合わせると七〇万人となり、ほぼ県人口の半数を占めるが、両市とも平地が極端に少なく坂道が多いことで知られており、それが保有台数の低さに直結していると思われるし、県全体を見渡しても平地はほとんどないといってよい。一方でそのお隣の佐賀県は佐賀市を中心に広大な平野があり、人口ひとり当たりの自転車保有台数は、〇・四四台と長崎県の約二倍にもなる。

ほかにも、保有率の低い都道府県を拾うと宮城県、福岡県、長野県と続いており、仙台市、北九州市、長野市と、中心街でも坂が多い街の名前が浮かんでくる。自転車の保有率に大きな影響を与える要素、これが自転車の障害の代表ともいうべき「勾配」である。

自転車通勤者の多い東京でさえ、武蔵野《むさしの》台地や多摩《たま》丘陵が広がるあたりは決して平坦ではない。先述したように、私の通勤ルートも武蔵野台地をかすめるので、結構なアップダウンがある。しかし、これは慣れが大きく、毎日走っていれば、身体が勾配を覚えていて、力の配分も最適になってくる。まして、もっと高級な軽い自転車に乗っている人、あるいはどんどん進化している電動アシスト付き自転車に乗っている人ならば、上り坂はそれほど苦にならないだろう。

補足だが、ここ一〇年ほどで、まさに坂道を楽に登るための電動アシスト自転車が普及してきたことは、自転車の大きな障害の克服につながりつつある。二〇〇八年には電気による補助比率が引き上げられ、いっそう楽に坂を登れるようになった。価格もかつては十数万円していたものが、今では一〇万円を切る車種が登場している。羨《うらや》ましく感じるときもあるが、現行法では時速二五キロ以上になると電気のアシストは得られず、車体が重いぶん、かえってスピードが出ないことから、まだお世話にはなっていない。

一方、安全性の観点から見ると、実は下り坂のほうがはるかに危険であることは、自転車に乗っている人ならば誰しも実感していることと思う。上り坂で事故を起こすことはめったにないはずだが、下りはスピードが出ているぶん、単独事故も接触事故も、はるかに多い。私の自転車人生で最も派手に転倒したのは、学生時代、京都府の丹後《たんご》半島から兵庫県へ抜ける途中の小さな峠道を走行中のできごとだった。急カーブの下り坂でコーナーを回りきれず、路肩を乗り越えて、見事に転倒し、腕を大きくすりむいて血だらけになったのである。それ以来、下り坂はコントロールできないほどのスピードは出さないように心がけて大きな事故はないが、それでも一歩間違えば大事故につながるスピードが出てしまう下り坂は、サイクリングの醍醐味《だいごみ》でもある一方で、やはり細心の注意が必要だ。

あと、下り坂では前方に注意を払うため自然と視野を広く取るようになるが、上り坂ではどうしても視線が下がり、自転車のすぐ前にしか注意がいかなくなることが多く、直前を歩いている歩行者に気づきにくくなる。いずれにしても、坂道は要注意である。

具体的な障害〈その4〉——暑さと寒さ、汗と日焼け

「真夏も自転車通勤をしているんですか?」

「こんなに寒いのに真冬でも自転車に乗っているの？」

自転車通勤をしているというと、必ず聞かれるのがこの二つのフレーズである。日本は縦に長いぶん気候も多様で、北海道と沖縄ではまったく条件が違うが、平均的ともいえる東京であっても、たしかに夏と冬は走行に大きく影響する。また、「四季」は、なんとなく平等に三カ月ずつあるような印象があるが、実際に季節を感じながら自転車で走っていると、手袋をしないと手が凍《こご》える冬は、一一月下旬に始まり、四月の初めまで続く。四カ月を超える期間が実際には冬なのだ。また、会社で着替えが必要になる「夏」はほぼ三カ月あり、しかもその前に一カ月強の梅雨がある。暑くもなく寒くもないサイクリング日和が続くのは、四月中旬以降と五月、長雨が終わったあとの一〇月と一一月の途中までくらいで、都合三カ月しかない。あとは、暑いか寒いか長雨かである。

夏は、汗と日焼けとの闘いになる。実際にはそれなりの速度で走っていれば、灼《しやく》熱《ねつ》のアスファルトに足をつける徒歩よりは、風を切って走るぶん、自転車のほうが涼しい。それでも信号待ちや登坂《とはん》もあるので、三〇分以上も走れば汗だくになる。会社に着いたらシャワーを浴びて全部着替えたくなること必定《ひつじょう》だが、そうした設備が整っている会社はごく一部だろう。そのうえ、女性の場合は、化粧にも気を遣わねばならず、日焼けしないよう長袖にしたり、つば広の帽子をかぶったりすれば、それだけ暑さも増す。夏は自転車のオフシーズンにしたほうがよいと考える女性は少なくないだろう。私自身は日焼けをそれほど気にしないので、対策は何もしていない。ただ、東日本大震災以降は、陽《ひ》ざしよりも福島原発の事故による放射性物質の影響が一時気になってしまい、肌をさらして長時間走ることを心配するようになった。

具体的な障害〈その5〉——携帯電話、音楽、お酒……の誘惑

サラリーマンのささやかな楽しみは、アフター・ファイブの一杯。不況が長引いているとはいえ、全品均一価格といった懐《ふところ》に優しい居酒屋も充実してきており、帰宅途中につい寄り道したい衝動に駆られる。軽く一杯のあとに、自転車帰宅といいたいところだが、飲酒運転は、自動車やオートバイだけでなく、自転車ももちろん禁止である。これを〝障害〟といってよいのか難しいところだが、この「一杯が飲めない」

点は、お酒好きの人にとっては、明らかなデメリットであろう。

それから電車通勤なら、車内で読書をしたり、ヘッドフォンで好きな音楽を聴いたり、語学のトレーニングをしたりと時間を有効に使えるが、こちらも自転車ではＮＧである。携帯電話で会話をしたり、メールチェックをしながらの自転車走行は毎日のように目にするが、片手で何かを持ったり操作したりすること、耳を塞ぐことは、どちらも法律や施行細則で禁止されているのである。

音楽くらいはいいではないかと考えてしまいがちだが、車の接近などを感知する耳は、目と並ぶアンテナであり、イヤフォンやヘッドフォンはその危険認知のアンテナを塞いでしまうことになる。私も一〇年以上前には、やはり英語のヒアリング能力向上のために、ＡＦＮ（米軍のラジオ放送、以前のＦＥＮ）を聴《き》きながらの自転車通勤を試してみたことがあったが、これは危ないと思ってすぐにやめた。

お酒も飲めず、携帯電話もできず、音楽も聴けない。自転車は何と不便な乗り物かと思われるのも致《いた》し方ない。このように、自転車はかなりストイックに走らなければならない。それだけ、いつも危険と隣り合わせであるということなのだ。

歩道の危険

前述したように、道路を走行する際には、車道と歩道の両方を走らざるをえないのだが、自転車が加害者になりうるという点では、圧倒的に歩道のほうが危険である。歩行者の動きは予測がつきにくいものであるし、歩道を通行するのは、単純な歩行者だけではない。お年寄りの押す乳母車《うば》、ベビーカー、電動車いすなど、スピードも幅もまちまちな形態の〝乗り物〟が行き交《か》っている。さらに、自転車の通行帯がきちんと白線で区分けされていても、そんなことは考えもせず無頓着《むとんちやく》に自転車の通行帯を歩く歩行者は多い。もちろん、その逆に歩行者用のレーンを走る自転車も目につく。

さらに、最近はペットを連れた人が増えていて、思わぬ動きをする犬に急ブレーキをかけることがしばしばだ。とくに危険なのは、夜、リードが見えにくくなることである。人と犬が歩道の両端に分かれて歩いているので、その間をすり抜けようと目を凝《こ》らしてみると、実はリードが間にあって、あやうく引っ掛けそうになるということがあった。

深刻な問題として、自転車が視覚障害者の白杖《はくじょう》を折ってしまう事故がある。点字ブロックの整備など、歩道のバリアフリー化が進んで、視覚障害者が自由に外出できる機会が以前より増えている。しかしそのために、その杖を損《そこ》なう自転車事故も増えている。二〇一一年七月の毎日新聞の記事によれば、白杖の修理を請《う》け負う社会福祉法人「日本点字図書館」に修理のため持ちこまれる杖のうち、自転車による被害が全体の六、七割を占めるのではないかと見られているという。

私は、ペットを連れた歩行者、視覚障害者、とりわけ盲導犬を連れた視覚障害者を見かけたら、車道側が危険であっても、極力歩道は走らないようにしている。

このように、自転車で歩道を通行する際には、車道とは違った、そしてもしかしたらより深刻な危険が潜んでいる。

自転車のコスト

趣味やレジャーを目的に乗る自転車は、そこにどれだけ費用をかけるかは個人の自由であるが、こと通勤・通学用となると、コストも重要な要素となってくる。自転車にはどれだけのコストがかかるのか、あるいは、どの程度の手当がもらえるのかという、自転車の「収支」を考える必要がある。

まず、自転車そのものにかかるコストだが、通勤・通学に毎日使うならば、距離にもよるが、やはり最低でも三〜五万円の自転車が望ましいだろう。

それから装備。ライトや反射灯、ヘルメット、手袋（グローブ。寒い冬だけでなく、怪我の防止のためにも、年中はめるのが望ましい）、雨への備え、（必要ならば）カゴなどを用意しなければならない。ライトひとつとっても、標準装備のもので十分のときもあれば、夜暗い道を通ることが多ければ、強力なライトを追加でつけたほうがよい。決してばかにならない投資である。

次に消耗品。ブレーキやタイヤは、磨《す》り減れば取り替える必要がある。私のように通勤だけで月に五〇〇キロも走れば、その磨耗は早い。ライトも電池式ならば電池の取り替えが必要だし、私の場合、ライトのフィラメントがよく切れるので、交換がしばしばある。さらに、凝《こ》りだせば、サイクルジャージなど服装にそれなりの費用がかかる。

通勤・通学先の駐輪場も無料ならばよいが、駐輪場代を支払う必要があるところもあるだろう。

一方で「手当」についてだが、通勤の場合は、会社が自転車通勤にどういうスタンスで臨んでいるかが問題だ。実は、自転車通勤を禁止している企業はかなり多く、一に安全上の理由、二に駐輪場を企業側が確保できないことが、その理由として挙げられる。自動車会社に勤める私の知人は、自転車で通いたいが、自動車会社の社員が通勤で交通事故を起こすことは、会社のイメージに悪影響を及ぼすため禁止されていると教えてくれた。

次に多いのが、「関知《かんち》しない」。あるいは黙認といってもよい。その場合は、最適ルートの定期券代として支払われる通勤定期代の範囲内でまかなうことになる。自転車通勤をしているのだから、電車賃をもらうのはおかしいという意見はよく聞かれるが、天候や体調などさまざまな理由で、自転車通勤をしながらも月に何度も公共交通機関に乗らなければならないこともあるわけで、交通費が一切なければ、これは自己負担になるし、自転車のメンテナンスにもそれなりの費用がかかる。

たぶん、いちばんすっきりする考え方は、雇用側が自転車通勤を正式に認め、定期券代は支給しない代わりに、適正な自転車通勤手当を支払うことであろう。その金額は、企業が自転車通勤を広げたいと思えば、高めに設定して誘導すればよい。現在、自転車通勤を奨励している企業では、この手当を設けているところが多く、金額は月額四〇〇〇～五〇〇〇円程度から、多いところでは、二万円というところもある。後述する保険のことも考慮する必要があるし（企業の中には、自転車通勤に必要な保険を会社側で加入しているところもある）、安全や快適性の向上のためには、凝りだせばいくらでもお金が必要だという面もあるので、いくらくらいが適正かを判断するのは難しい。

いずれにせよ、自転車に乗ること、とくに毎日使うその通勤には、一定のコストがかかることを確認しておきたい。

第二章　自転車はどこを走ればいいのか

車道か、歩道か――難しい選択

危険と障害に満ちた日本の自転車事情。その中でも、とくに厄介なのは、自転車の走行空間はどこかという問題であろう。この章では、日本の自転車事情を語る際に、抜きにできないテーマ――「自転車は、車道と歩道のどちらを走るか」について考えたい。

この命題が問題となるのは、先進国ではほぼ日本だけという特殊事情があることをまず押さえておきたい。なんとなれば、諸外国では、ほぼ例外なく「自転車は車両であるがゆえに、車道を走る」ことが、鉄道は線路上を走ることが自明《じめい》なのと同じくらいすっきりと理解され、浸透しているからである。

では、日本の法律では、自転車の通行をどう規定しているか確認してみよう。

道路交通法第十七条では、「車両は、歩道又は路側帯と車道の区別のある道路においては、車道を通行しなければならない」とある。

ここでいう「車両」については、第二条に定義があり、「車両　自動車、原動機付自転車、軽車両及びトロリーバスをいう」とある。一見すると、自転車が入っていないように見えるが、同じ第二条の中に「軽車両」の定義もあり、「自転車、荷車その他人若しくは動物の力により、又は他の車両に牽引《けんいん》され、……」となっている。「自転車は軽車両である、軽車両は車両である、したがって自転車は車両である。よって、自転車は車道を通行しなければならない」という明快な〝四段〟論法が日本の法律には明記されているのである。

ここで条文が終わっていれば、何の問題もない。自転車が歩道を通らなければ、今問題になっている自転車と歩行者の接触事故もぐっと減るだろう。にもかかわらず、実際には歩道を走る自転車が多いのは、次の規定があるからだ。

第六十三条の四
普通自転車は、次に掲げるときは、第十七条第一項の規定にかかわらず、歩道を通行することができる。ただし、警察官等が歩行者の安全を確保するため必要があると認めて当該歩道を通行してはならない旨を指示したときは、この限りでない。
一　道路標識等により普通自転車が当該歩道を通行することができることとされ

ているとき。
二　当該普通自転車の運転者が、児童、幼児その他の普通自転車により車道を通行することが危険であると認められるものとして政令で定める者であるとき。
三　前二号に掲げるもののほか、車道又は交通の状況に照らして当該普通自転車の通行の安全を確保するため当該普通自転車が歩道を通行することがやむを得ないと認められるとき。

というものである。そのあとにもまだ但《ただ》し書きがあるが、ここで重要なのは、自転車通行可の歩道や、運転者が子どもなどの弱者であれば、歩道を通行できると書かれている点である。
この「除外規定」は、二〇〇八年六月一日の道路交通法改正及び道路交通法施行令の一部改正により、以下のように具体的に定められた。

次の場合は、自転車の歩道通行が可能である。

○　児童（六歳以上一三歳未満）や幼児（六歳未満）が運転する場合
○　七〇歳以上の者が運転する場合
○　安全に車道を通行することに支障を生じる程度の身体の障害を持つ者が運転する場合
○　車道等の状況に照らして自転車の通行の安全を確保するため、歩道を通行することが、やむを得ないと認められる場合

「原則は車道」のまやかし

私は七〇歳未満の成人で身体に障害もないので、四つの除外要件のうち最初の三つには当てはまらないが、四つめの除外要件が示すとおり、「通行の安全を確保するため」に、歩道を走ったほうがよいと判断する場面は、普段の通勤途上でも多々ある。

これを平たくいえば、「普段は車道を走ってください。でも安全確保のためなら歩道もどうぞ」というふうに読める。日本の自転車の位置づけが曖昧だといわれるのは、このように車道を走るべき車両となっているにもかかわらず、運転者の判断次第

で歩道を走ってもよいと読めるからである。

実は、かつて日本も「自転車は車道」と決まっていた。しかし、モータリゼーションの進展で自動車の通行量が急増し、自転車の安全確保のため、一九七〇年に緊急避難的に「自転車の歩行通行」を認めたという経緯《けいい》がある。その〝暫定《ざんてい》〟措置《そち》が四〇年以上を経た今も続いているのである。

もちろん、歩道を走ってよいからといって、わがもの顔に走行してよいわけではない。第六十三条の四の第2項には、「前項の場合において、普通自転車は、当該歩道の中央から車道寄りの部分（道路標識等により通行すべき部分が指定されているときは、その指定された部分）を徐行《じょこう》しなければならず、また、普通自転車の進行が歩行者の通行を妨《さまた》げることとなるときは、一時停止しなければならない」と記されている。

そう、自転車の原則は「徐行」であり、歩行者の邪魔になりそうなときは「一時停止」しなければならないと書かれているのだ（「歩行者が、自転車の邪魔になる」という考え方が成立する余地はない）。

そしてもうひとつ、見逃しがちだが、今後大きく議論を呼びそうな条文があるので紹介しよう。

第六十三条の三

……二輪又は三輪の自転車で、他の車両を牽引していないもの（以下この節において「普通自転車」という。）は、自転車道が設けられている道路においては、自転車道以外の車道を横断する場合及び道路の状況その他の事情によりやむを得ない場合を除き、自転車道を通行しなければならない。

「自転車道」――つまり自転車専用レーンがあれば、車道も歩道も原則ダメで、その自転車専用レーンを走りなさい、ということである。

ややこしくなってしまったので、ここで一度整理してみよう。

車道しかないときは、車道を走る。当然だ。

←

車道と歩道がある場合、歩道を走ることのできる場合（除外規定）がある。ただし、そのときも車道を走ってはいけないとは書かれていないので、自転車利用者は、車道か歩道かを選択できることになる。

←そして、自転車専用レーンがある場合は、車道も歩道も走行禁止で、専用レーンだけを走りなさいということである。

なんだ、わかりやすいじゃないか、その通りに皆が守れば問題など起きないではないか。一瞬そんな気もするが、ことはそう簡単ではない。

自転車通行にこのような原則があることを、自転車を運転する側が知っておくのは自明の理《り》であるが、それと同様に大事なことは、道路をシェアする相手側、つまり歩行者、オートバイや自動車の運転者もその認識を共有しているかどうかである。

では、利用者はそのあたりのことをどのくらい認識しているのか。ここに引用するのは、茨城県つくば市が、二〇〇九年に市民の自転車への関心や利用方法などについてとったアンケートの一部である。

そこには、「自転車はどこを走るのが原則ですか」という質問があるが、「車道の左側」「歩道内の車道寄り」と正しく答えた人は、およそ六割。残りの四割は「歩道の宅地側」「歩道の中央」、そして「車道の右端」という回答である。原則という質問であれば、本当なら「車道の左側」だけが正解であり、これだと正答率は三四パーセント、つまり三人に一人しか知らないという結果である。

こうした認識の中で、次の仮定を考えてみよう。自分が自動車の運転をしているときに、車道の脇を車の前にはみ出すように自転車が走っていたとする。危ないので、ブレーキを踏まざるをえない。そのとき、脇に歩道があれば、「なぜ、そちらを走らないのか」といらいらするドライバーが多いであろうことが容易に想像できる。まして、相手が子どもや高齢者ならば、なおさらだ。しかし法律では、「車道が危険なときは、自転車は歩道を走ってもよい」となっているだけで、「歩道を走るように」とはいってくれない。

自動車のドライバーは、比較上弱者である自転車に対しては、本来自転車の安全を最優先させる義務が発生する。注意義務は、自動車のほうにある。しかし、そのように考えるドライバーが日本にどのくらいいるだろうか。歩道通行可の措置は、このように大きな問題を投げかけている。

歩道は歩道で、自転車は邪魔者扱いされているのだが、その中でも、とくに困るのは、歩道につくられた「自転車通行帯」の存在の曖昧さである。

自転車通行が可能な歩道には、自転車の通行帯が区分されている道路と、そうでない道路がある。両者が混在する一般の歩道では、どこを歩行者が歩くかわからないので、自転車は徐行を原則として走行する。ところが、いったん白線などで、歩行者が歩くべきところと自転車通行帯が区分されてしまうと、自転車は安心してスピードを出しがちである。

しかし、これまでこうした歩道を数多く走ってきた体験からすると、こちらのほうがかえって危ないくらいである。白線で区分したくらいでは、認識が難しく、変わらず自転車通行帯を歩いている人がほとんどである。【写真17】

いくつかの道路では、自転車の通行帯の色を変えたり、自転車のマークをところど

【写真17】本来は、自転車通行帯がある歩道だが、それを区分する白線が消えてしまい、歩行者と自転車とが混在している

ころにペイントしたりして、わかりやすくしているところもあるが、これでも完全ではない。できれば、少し段差を設けるか、そのペイントをもっとヴィジュアルにして区分を明確にするなどしないと、結局、混在状態は解消されない。

欧米のように、「自転車の歩道通行」は基本的には認めないということができればいいのだが、車道の危なさが解消されない以上、歩道から自転車を締《し》め出すことはできないだろう。

日本独特のママチャリ文化

さて、ここで、もうひとつ日本の自転車事情に特有といわれていることがあり、それが問題を複雑にさせている面もあるので述べておきたい。

日本の自転車保有率は、先述したように世界的にも相当高いレベルにあるのだが、それだけでなく、日本では、大きく分けて二種類の自転車が並存しつづけてきたことが特徴になっている。

その二種類とは、シティ車とスポーツ車、平たくいえば、いわゆるママチャリと、それ以外のスポーティーな自転車であり、低速車と高速車といいかえてもよい。

二〇一〇年に五万人を対象にインターネットで行なわれた調査によると、自転車の保有者は全体の七八パーセントで、シティ車を持っている人は六一・三パーセント、スポーツ車を持っている人は、マウンテンバイクなども含め、二〇・三パーセントという数字がある（「平成二二年度自転車の安全使用指針の検討報告書」より）。シティ車の普及率がきわめて高いことがわかる。

先ほど、車道と歩道がある場合、「選択できる」と書いたが、車道を選択するのは概してスポーツ車であり（なぜなら、歩道では徐行したり、歩行者の通行を妨げないよう一時停止しなければならないので、高速で走ることができないため）、歩道を選択するのはママチャリであることが多い。

もちろん、ママチャリであっても、徐行したり一時停止しない自転車が多いから、歩道での事故が社会問題になっているわけだが、少し乱暴に区分すればそういうことになる。

ママチャリの特徴は、ハンドルの位置が高く、サドルが低いため、ほぼ直立して乗車する形になること。ハンドルに体重がかかっていないことから、ハンドルが左右に動きやすく、おのずと車体がぶれやすくなる。したがって、車道を走ると自動車との接触の可能性が高くなるし、車から見てもふらついて危なく見える。

一方、サドルが低いと、ブレーキをかけて止まった場合、足が地面につくので停車しやすいというメリットがある。当然だが、スポーツ車は高速走行時の安定性が高く、ママチャリは、低速時と停車時の安定性がよいのである。ロードバイクのような自転車は、前傾姿勢で乗るため、ハンドルの安定性は高いが、止まる際には、サドルから腰を前にずらさないと足がつかないので、かなり慣れないとどうしても一呼吸遅れてしまう（私が学生時代に乗っていたサイクリング車は、ペダルに靴先を固定するトゥグリップと呼ばれる装具があったため、慣れないうちは、ペダルから靴を抜くのに手間取って、止まると同時に転倒したこともあった。もちろん、慣れれば苦にならなくなるが）。

そもそも、「歩道を自転車が走ってもよい」という一九七〇年に定められた施策《しさく》の下で、低速走行をメインとして生まれたのがママチャリであり、ママチャリは、車道を走るにはそもそも適していないようにできているわけである。そして日本では、大半がその低速車であることに留意しておく必要がある。

ただし、私が現在乗っている〝ママチャリもどき〟のように、両者のよいところを取り入れた自転車も登場している。私の自転車は見たところはママチャリだが、変速機もあるし、サドルをつま先がつかないほど高くしているので、少し前傾姿勢になる。ただ、ロードバイクのようにあまりに前傾姿勢が強いと、都心のように周囲に常に気を配って走るときには、首を上げつづけなくてはならず肩と首が疲れる。ほどほどの前傾が乗りやすい。前カゴや泥除《よ》けが標準装備なのも、街乗りではありがたい。

話を戻そう。車道と歩道がある道路では、自転車側にどちらを走るのかの選択肢がある一方で、その選択は乗っている自転車の性能や乗っている人の技量に左右される。しかも、車道を高速で走るのにふさわしい自転車と、歩道をゆっくり走るようにできている自転車に大きく二分されているため、車道に自転車専用レーンが設置されていない現状下では、どちらか一方だけの走行にいきなり固定することもできない。これが大きなジレンマとなっている。

悪名高い？　自転車専用レーン

ところで近年、日本各地でも、「自転車専用レーン」が、自転車通行環境整備モデル地区の拡大にともなって増えてきた。「自転車は車道」という原則に合わせて車道の一部を自転車専用レーンに振り替えたところも多いが、一方で、歩道の一部を自転車通行帯としているところがあり、歩行者との接触事故が絶えないなど危険が多い。

こうした自転車専用レーンの中で、設置した行政側は「画期的」と考えているにもかかわらず、地元の人たちや、自転車関係者からは悪評を浴びている、不思議な、そしてかなり有名な自転車専用レーンが東京にある。江東区《こうとう》JR亀戸《かめいど》駅近く、国道一四号線沿いの自転車専用レーンである。【写真18】

国道一四号線は、東京と千葉市を結ぶ幹線道路で、片側二車線、比較的広い歩道もついている。ここに、二〇〇八年、自転車専用レーンがつくられた。その特徴は、上下両車線にそれぞれ自転車が交互通行できるレーンが設けられたこと、そして、歩道とも車道とも柵で隔《へだ》てられ、完全に独立したレーンだということである。

ある夏の土曜日、実際に自転車で走ってみようと現地を訪れた。このレーンをスポーツ車に乗らない人がパッと見たなら、よくできたレーンだと思うに違いない。これなら歩行者や自動車との接触もなく、安心して走れるだろう、まして両側に上下どちらの方向にも走れるレーンを設けているなんて、なんと便利なんだろう！　と。

しかし、レーンを見下ろせる歩道橋の上からしばらく観察すると、やがて違った面が見えてくる。すべての自転車がこのレーンを走っているわけではないのである。高速で走るスポーツタイプの自転車のほとんどは、自転車専用レーンを避けて車道の左端を走っている。また、歩道側を走る自転車も少なくない。こちらは、例によってママチャリが多い。そして時おり、この自転車専用レーンを堂々と歩いている人も見かけるのだ。

実際に走ってみても、なんだか隔絶《かくぜつ》されたところを走っているようで、閉塞感《へいそくかん》があるし、前から対向自転車が来ると接触しそうでちょっと怖い。スピードを出して走るには狭いのである。スポーツ車の利用者が車道を走る気持ちがよくわかる。しかし、自転車専用レーンがある以上、少し前に述べたように、車道走行も歩道走行も道交法違反となる（はずである）。

【写真18】亀戸付近の国道14号線に作られた自転車専用レーン。車道との間が柵で仕切られている

また、このレーンは、自転車に乗らない地元の方からの評判も芳《かんば》しくないらしい。ガードレールで隔絶されたレーンがあるため、荷物の上げ下ろしなどのために店の前に自動車を横づけするのが難しいので、不評なのである。もっとも、柵がない自転車専用レーンであっても、そこに駐停車するのは、レ

ーンを塞ぐことになり、それも禁止ではあるのだが、いずれにしても、こうした評判もあってか、本来一・二キロの長さまで整備される予定だったのが、今のところ四〇〇メートル分しか設置が進んでいない。

なお、このタイプの自転車専用レーンの問題点として、間に柵などを設けずに対面通行にしているという点が指摘されるが、車道と明確に隔てられており、道幅がとれる場合には、海外の自転車先進国においても、こうした道路の例はある。二〇〇九年にスウェーデン第二の都市イェーテボリを訪れたとき、こうした自転車専用レーンを見た。【写真19】問題は、車道にも歩道にも自転車が分散せざるをえない、使い勝手の悪さであろう。

自転車の利用者ならば、こうした専用レーンを時間をかけて作るより、すぐにでも、白線で区切られた路肩《ろかた》（路側帯と混同されがちだが、道路交通法では歩道のある道路の車道外側線の外は路側帯ではない）を狭くてもいいからしっかり確保してもらったほうがよいと考えるだろう。それならば費用もあまりかからない。幅は一メートル弱で十分だ。そして、路肩への駐車を禁止し、駐車違反の自動車をきっちり取り締まってほしい。自転車先進国は、自転車専用レーンへの車の駐車に対して、「ちょっとくらいいいか」では済まないくらいの、恐ろしく高額の反則金を科しているところが多い。取り締まりも、カメラで徹底的に「監視」する。こうして安全を確保してはじめて、自転車を安全に車道に誘導できる。

【写真19】スウェーデン・イェーテボリの中心街に設けられた歩道と共用の自転車レーン（2010年8月撮影）

パーキングメーターによる駐車帯も、市街地に民間のコインパーキングが充実してきたこともあり、そろそろ見直してほしい気がするが、一方で、駐車帯がある車線は、通行する車もそれをよけて走ってくれるため、かえって白線と駐車帯との間の隙間が自転車の走行路にちょうどよいという面もある。なかなか悩ましい問題である。

また、こうした施策を進めたとしても、確実に安全な自転車通行帯が確保されるまでは、歩道通行を完全に禁止することはできない。歩道通行との併存は当面認めざるをえないが、狭い歩道であっても、自転車の通るレーンをはっきりと色分けし、しかも速度は一〇キロ程度以上は出さないよう明示するなど、歩道上でもできるだけ自転車と歩行者とを分離する方策も徹底すべきであろう。

「自転車一方通行」の是非

この本を書いているさなかの二〇一一年七月中旬、新聞に次のような記事が載《の》った。

「警察庁は二一日、歩道や自転車道を走る自転車に、標識で左側一方通行を指示できるようにする方針を決めた。対面通行に伴《ともな》う事故を減らすとともに、道路を有効活用して自転車専用の走行空間整備を促《うなが》すのが狙い。年内の実施を予定している」

どこを走るかという観点から縷々《るる》述べてきたとおり、自転車は車両であるがゆえに左側通行が義務づけられているが、例外として歩道や、柵などで車道、歩道と隔てられた自転車道では、これまで左右どちらも通行可能とされてきた。

しかしこの習慣こそが、歩道上を自転車が両方向に走ることを認め、結果として接触事故などを増加させてきたと警察は判断、また一方通行にすれば、自転車通行帯も狭くて済むので確保しやすいということから、こうした決定に至ったのだろう。

道路左側の歩道において車の左側と同じ方向のみの通行を許すという考え方は、自転車は車両だという原則に照らせば、理にかなった施策だと考えられる。その一方で、歩道の自転車通行を認めていることには変わりなく、小手先の変更にすぎないという批判も出されるだろう。また自転車利用者からは、自転車の自由度の高さを制限するものとして不満が出るかもしれない。

たとえば、道路を挟んで反対側の歩道沿いにある店に行くとき、これまでなら、店のどちら側の交差点を渡っても、店に行けたが、これが施行されると、その店には、左側から行くということしか許されなくなるからである。警察庁では、「パブリックコメント」（市民への意見公募）を求めた上で、最終的な判断を行なうとしているが、歩行者にとっては、自転車が前からも後ろからも来てどちらに注意を払ってよいかわからないという状況が改善される可能性がある一方で、一方通行に固定された自転車が今以上に歩道でスピードを出すなど、安全上かえって問題になる可能性もある。実施後の精緻《せいち》な検証が求められよう。

ところで、歩道では「徐行」とされる自転車には、実は、原付のような速度制限が定められていない（原付は時速三〇キロ）。適用されるのは、自動車やオートバイと同様の制限だけである。たとえば、一般道路で速度制限の標識がなければ、六〇キロまでスピード違反にはならないのだ。そんな中で抽象的な「徐行」だけを謳《うた》っている曖昧な法律もどうかと思うが、いずれにしてもそこは置き去りにされたまま、歩道上の一方通行が決められようとしている。改善なのか、改悪なのか、議論を呼びそうな動きである。

自転車のことが忘れられた交差点

第一章で、Y字型の道路を自転車で渡るのは難しいことを説明したが、難しいどころか、現実にはほとんど渡れない道路というのが、東京にはいくつもある。その筆頭のひとつと思われるのが、JR五反田駅の西、国道一号線が中原街道と分岐する「中原口」交差点である【地図3】【写真20】。

国道一号線を都心方面から快調に走り、山手通りを越えて、しばらく行った先にこの交差点は存在する。片側四車線の立派な道路で、直進の一号線方面に二車線、右斜めの中原街道方面に二車線となっている。この交差点を中原街道方面に行こうとすると、右折ラインに入りたいところだが、交通量が多く、自転車では絶望的である。

といって、二段階右折をしようにも、左側で交差する道路は、中原街道へと直接つながっておらず、こちらから中原街道に自転車では入れない。やむなく少し先まで走り（図のⒶ地点）、最初の横断歩道を渡って道路の反対側（Ⓑ地点）に行ったとしても、ここでも今度はその先の道路を渡ることができず、少し戻ってようやく中原街道にぶつかる（Ⓒ地点）。そしてもう一度、信号を渡らなければならない。それを回避するために、もっと手前、山手通りで反対側に渡り（Ⓓ地点）、歩道を走って中原街道へ出る方法（Ⓔ地点）もあるが、その間は道路の右側の歩道を走る、つまり右側通行をする形になるので、今は違反ではないとはいえ、個人的にはあまり走りたくない。結論からいえば、よほどの危険を冒《おか》さない限り、渡ることのできない交差点なのである。

こうしたY字路だけでなく、普通の交差点でも、一番左の車線が左折専用であると、車道の左端を走る自転車は、おのずと左折せざるをえなくなる。すぐ先に進行方向へ渡る信号や横断歩道があればよいのだが、延々何百メートルも渡れないというところも少なくない。右左折の車線が分かれていて、横断歩道がないT字路も同様だ。私の通勤ルートの迂回路にもいくつもこうした交差点がある。そこを渡るときには、道路を設計した人に、あるいは信号を設置した警察に対して、「自転車でどうやってこの交差点を渡ればよいのか、考えたことがあるかどうか聞いてみたい」と、常々、思っている。

東京のすべての道を走ったわけではないので、確たることはいえないが、時々走るルートでもこれだけの通過不能ポイントがあることを考えると、東京の他の道路でも同じようなところが多いのだろうし、これを全国に広げてみれば、難関交差点は無数にあるに違いない。

しかしながら、こういった自転車にとっての難関交差点の問題を単に物理的に解決するだけならば、実はそれほど難しくない。自転車専用の信号を設置して、車が青信号になる少し前に自転車のみ青信号にして自転車（と、二段階右折が原則である原付）が

【写真20】国道1号線と中原街道の分かれ道。右前方へ行きたくても、向こうの車線へ入ることができない

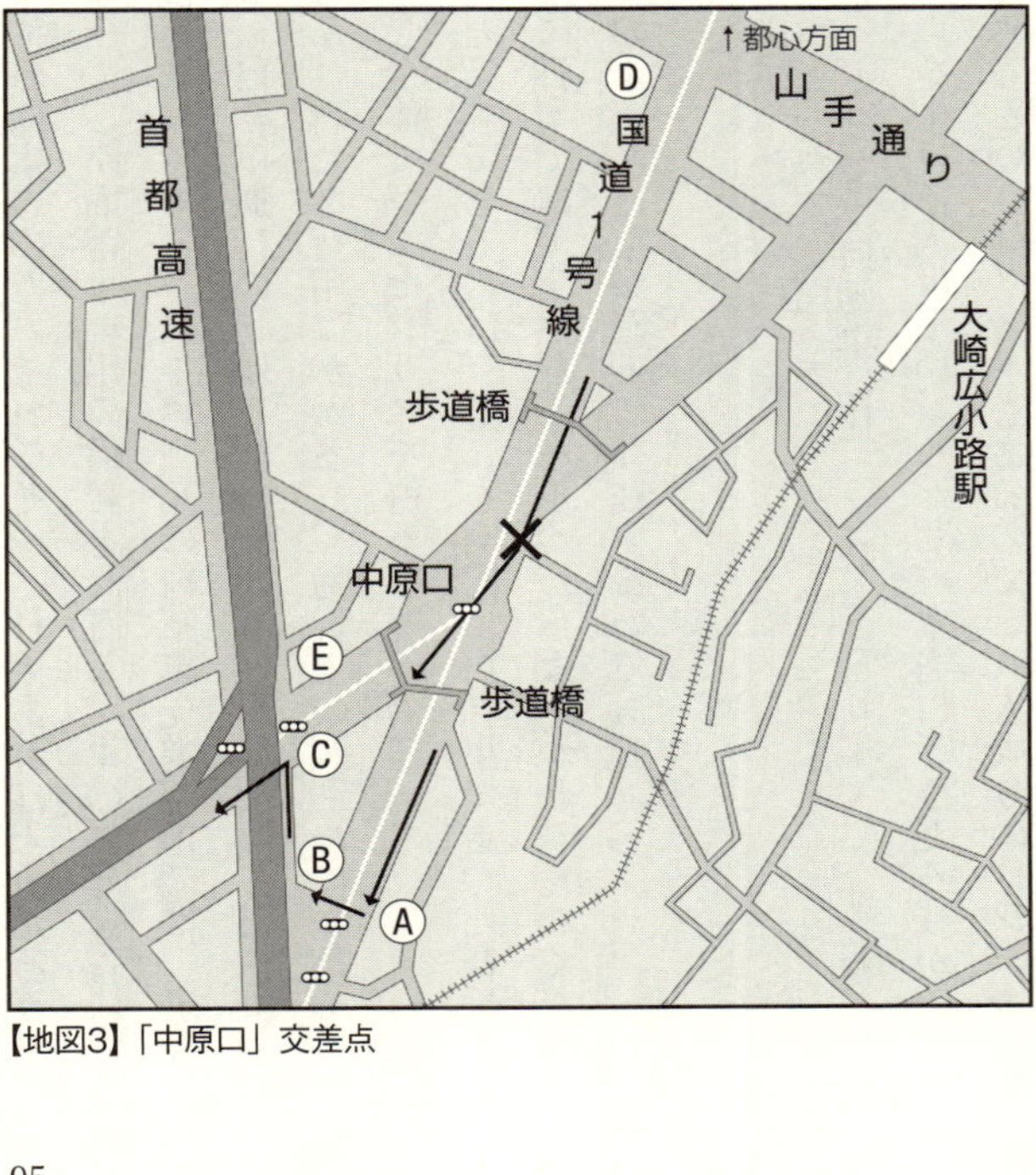

【地図3】「中原口」交差点

先に両方向へ行けるようにすればよいのだ。それこそ一〇秒もあれば十分だろう。そう、これは路面電車が走る街で、路面電車専用の信号を設置し、車の信号を青にする前に、電車を先に通す方法と同じである。ヨーロッパの自転車先進都市では、実際、自転車専用の信号を設置し、自転車通行の利便を図っている。ちょっとした工夫で解決できるはずだが、もちろん、新たな費用はかかるし、通行上のルールについても、自動車の利用者を含め、社会全体でコンセンサスを得る必要がある。

難関交差点が〝難関〟だと認識できるのは、ここを実際に自転車で走った経験のある人だけである。このように日本では、突然どこを走ったらよいかわからなくなってしまうという、ミステリーのような道路が確実に存在するのである。

自転車をどこに停《と》めるか

自転車のメリットのひとつとして、自動車に比べて駐車(自転車でいえば駐輪)スペースが少なくて済むという点を挙げる人は多い。しかし、本当にそうだろうか。

私は自転車をそのまま積めるというメリットもあるので、八人乗りのワンボックスカーを所有しているが、その駐車スペースに停められる自転車はせいぜい七、八台くらいであろう。自転車が極端に〝省スペース〟の乗り物だとはいいきれない。クラウンやレクサスにひとりきりで乗っているのに比べたらスペースは少なくて済むとはいえ、そこそこ出し入れしやすいよう間隔を空《あ》けて置こうとすると一定のスペースが必要だ。実際、自宅であれ、オフィスであれ、街中であれ、駐輪スペースの確保は、事故の危険と並んで自転車の社会問題の代表的なものと考えてよいだろう。

冒頭、私の大学の卒論のテーマが「都市交通体系における自転車の位置と役割」だということを述べたが、その中で取り上げた当時最も大きな自転車問題は、都市圏の駅前における放置自転車であった。統計で全国の放置自転車数の推移を調べてみると、私が卒論を書きはじめた一九八二年の前年、一九八一年がそのピークで、日本全国でほぼ一〇〇万台の放置自転車が存在していたことがわかる。当時の新聞には、しばしば放置自転車の多い駅ワースト一〇が紹介され、歩道を塞ぐように乱雑に停められる自転車の写真がよく掲載されていた時代である。

しかし、その後、駅の駐輪場の整備などが進み、放置自転車の数は急速に減っていった。平成二一年の数字では、最盛期の四分の一以下の二四万三〇〇〇台にまで減っている（『自転車統計要覧第四五版』より）。

私の家から比較的近い東急電鉄の自由《じゆう》が丘《おか》駅には、地下機械式収納庫を備えた駐輪場が整備されており、利用者は、地上の入口から、手順にしたがって自転車を入れれば、自動的に地下まで運び、保管してもらえる。【写真21】この方式であれば、風雨にさらされることもないし、町の美観も損ねない。同様の駅駐輪場は増えており、JR品川駅港南口にも、やはり地下収納の機械式駐輪場が港区により設置され、一〇〇〇台を超えるキャパシティを持つ。そのすぐ近くには、七〇〇台を収容できる従来型の区営駐輪場もある。長足の改善である。

駐輪場の整備が進む一方、都心のターミナル駅周辺はどこもほぼ駐輪を禁止しているので、ちょっとした用務や買い物の間であっても、どこでも停められるというわけにはいかなくなった。一部の店舗では専用の駐輪場を設けているところもある（私の職場近くのヤマダ電機LABI渋谷店では、屋上にオートバイと自転車の駐輪場があり、店で購入したレシートを見せれば一時間は無料）が、これはむしろ例外で、私も毎回どこに停めるか苦労する。読者の中にも、やむなく禁止区域に停め、撤去されて取り戻すのをあきらめたか、保管料を払って引きとったという経験を持つ方がいるだろう。

　企業が自転車通勤を奨励するか、消極的であるのかといった基準も、希望する社員分の駐輪場をきちんと確保できるかどうかという点に大きく依拠《いきょ》している。スペースが限られている中で、キャパシティを超す利用者があると、駐輪場から自転車が溢《あふ》れて、路上駐輪を黙認することにもなりかねない。

　駐輪には、一定のスペースが必要であり、それを確保するには、社会的なコストがかかる。場合によっては、利用者がその費用の一部を負担することも避けては通れないことである。訪問先の軒先に停められないと面倒だと思うような人、わずかな駐輪代を惜しいと思う人は、自転車に乗るべきではない――そういう時代になろうとしている。

【写真21】自由が丘駅近くにある地下駐輪場の入口。すっきりした外観である

第三章　自転車事故の加害者になるということ

私の事故から

第一章と第二章で、自転車の危険と障害について、さまざまな角度から検討したが、究極の「危険」は、事故に遭《あ》う、あるいは事故を起こすことである。とくに最近では、自転車が加害者となる事故が社会問題となっている。この章では、私と私の家族が加害者となった二つの事故の概要とそこから読み取ることのできる教訓について話を進めたい。

自分や身内に起きたことを客観的に書くのは、たいへん難しい作業である。何よりもまず、被害者の方の気持ちや立場、プライバシーの問題を考えなくてはならないが、その制約の中で、事故を起こすと、どんなことになるのかをできるだけ正確に、そして客観的に記録したつもりである。事故の経緯や保険会社、被害者の方とのやり取りは、すべてそのたびごとにノートやパソコンに記録しつづけてきたので、その記録をもとに伝えたい。ただし、個人情報につながるおそれのあるところは省いて記した。表現が足りないと思われる部分は、そういった配慮のためであることをご理解いただきたい。

まずは、私自身が起こした事故から。

二〇〇〇年代に入ってしばらく過ぎた年の四月、週末の夜のことである。私は都内にある、ともに片側一車線の道路が交わる見通しの悪い交差点に差しかかった。【地図4】【写真22】

その日は私用で移動先へ急いでおり、考えごとをしていたこともあって、交差点の

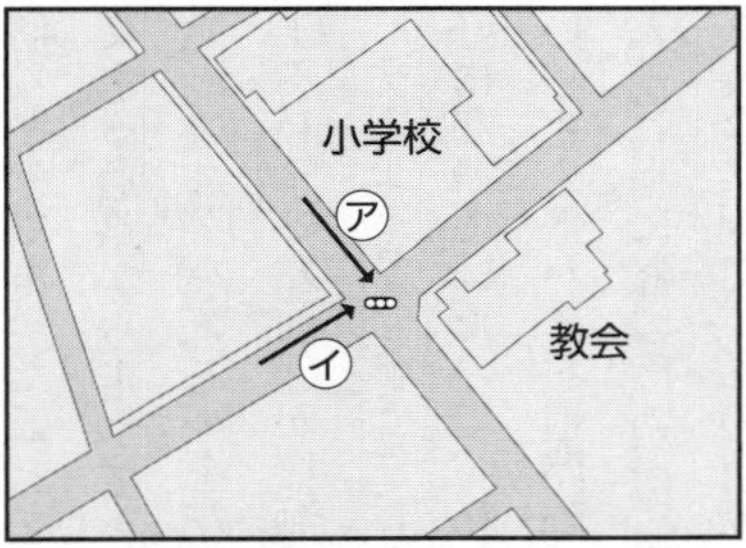

【地図4】私が事故を起こした交差点。周囲は閑静な住宅街

【写真22】この赤信号をそのまま突っ切ろうとして、オートバイとぶつかった

信号が赤であったことを見落とし、そのまま交差点に進入してしまった。(図の㋐) 直交する道路から走ってきたオートバイ (図の㋑) を右に視認したときはすでに手遅れであった。ハンドルを左に切って回避しようとしたが、私の自転車の前部と先方のオートバイの左前部が接触、ともに転倒した。

先方 (Aさんと呼ぶ) は二〇代とおぼしき男性で、オートバイの下に脚が挟《はさ》まった格好になっていたので、私がオートバイを持ち上げている間に挟まった脚を抜いてもらい、オートバイを道路際に寄せた。Aさんは膝と肘に怪我をされていたが、私は右手人差し指に軽い擦過傷《さつかしよう》ができた程度であった。また、Aさんのオートバイは修理が必要な状況で、私の自転車もサドルや変速機が破損した。

「救急車を呼びましょうか」とAさんに尋ねたが、それには及ばないということで、謝罪の上、名前と携帯電話の番号を交換した。警察への通報は、事故を目撃した第三者の方がしてくれた。一五分ほどで警官が到着し、検分が始まった。事故の状況を主に私が説明、オートバイには「自賠責《じばいせき》保険」(自動車損害賠償責任保険) への加入が義務づけられているが、その保険証をAさんが携帯していなかったため、翌日、警察のほうからAさんに保険の確認をするということで、調書を作った警官は一五分ほどで帰っていった。

Aさんは、非は明らかに私（著者）のほうにあるので、オートバイの修理代と、破れたGパンの修理代をあとで請求する旨を主張され、私もできるだけのことをさせていただくと伝えて、その日はそのまま別れた。

私が帰宅した直後、Aさんの父親から私に電話があった。「本人は脚を引きずっているため、明日は会社に行けないと言っている。通院費用や仕事を休んだ場合の休業補償《ほしょう》なども請求させていただきたい」という連絡だった。

公証《こうしょう》役場の「確定日付」

この電話で私はかなり不安になった。学生時代は、スポーツとして自転車と接していたので、自転車保険にも入っていた。しかし、その後しばらくブランクがあり、自転車通勤を始めてからも、自転車向けの保険には入っていなかった。休業補償まで賠償するとなると、自分がどれだけ支払うことになるのか予想もつかなくなってくる。

そこで、すぐに知己の弁護士に電話をし、どう対処したらよいかアドバイスをもらうことにした。彼から受けたアドバイスは二点あった。まず怪我の程度を確認するため、先方からきちんと診断書をもらうこと。次に、事故直後の記憶がはっきりとしているうちに、先方の言い分も含め、事実関係を書いたメモを作り、公証役場で「いつ作った書類か」を明確にする手続きを取ること、であった。

明けて月曜日の昼休み、職場の近くの公証役場に出向き、事故の経緯を詳細に書いた書類を提出し、日付の入った割り印を押してもらった。これは、「確定日付」というもので、文字通り「変更のできない確定した日付」のことであり、その日にその証書（文書）が存在していたことを証明するものである。

文書というものは、その作成日付が重要な意味を持つことが少なくない。遺言書や金銭消費貸借契約などの法律行為に関する文書・覚書の類は、どれもそうである。こういったものは、文書作成者のいろいろな思惑《おもわく》から、作成の日付を実際の作成日より遡《さかのぼ》らせたりして、紛争になることがある。確定日付は、このような紛争の発生をあらかじめ防止する効果を持つ。事故の記憶も日が経つと薄れていくので、万が一、裁判で事実関係を争うこととなったときに備えて、事故直後のできるだけ正確な記憶があるうちに書いた文書だと証明するため、この「確定日付」を取っておくよう、アドバイスを受けたわけである。

公証役場は、前を通ったことはあっても、中に入ったのは初めてで、それまで何をするところなのかもよくわかっていなかった。恥ずかしい限りである。今、事故の経緯をほぼ再現して書けるのも、週末のうちに書いたそのときのメモが手元に残っているからである。

総合保険の〝特約〟が適用される

もうひとつ、確認しておかなくてはならないことがあった。自分が加入している保険の中に、自分が起こした事故で相手が怪我をした場合の補償が含まれていないかということである。

こちらも週明けに、保険会社の代理店に確認したものの、最初は含まれていないということだった。藁《わら》にもすがる思いで、もう一度契約書の中身を詳しく読んでみたところ、会社を通して入っている総合保険（フルガード保険）に損害賠償の〝特約〟がついていることを発見した。特約のことは、事故を起こすまで、忘れていたのである。保険会社に確認すると、自転車での事故も補償の対象となることがわかった。ただし、自動車保険のように、相手方との交渉も含め、すべて行なってくれるわけではなく、示談などは、加入者自身で行なわなければならない、ということもわかった。

その後、数日おきにAさんと連絡を取りながら、オートバイの修理費用や通院の状況をうかがう。怪我の診断は全治一〇日間、仕事は五日間休むことになったという。

保険会社のほうからは、「過失割合」の算定のため、担当者が現場検証をするので、立ち会ってほしいとの連絡を受ける。事故から一二日後に、保険会社の関連会社で調査を専門に行なう担当者に、現場で事故の状況を説明する。

その二日後に伝えられた過失割合は、私が八五パーセント、Aさんが一五パーセントというものであった。信号を無視するという大きな過失があった私の過失割合が一〇〇パーセントではないのは、オートバイにも前方注意義務があり、自転車より強い立場にあるオートバイには、より強い注意義務が求められるからということであった。実際、公証役場に提出したメモによれば、Aさんは、警察による現場検証の際に「自分も前方に車がいて、信号しか見ておらず、交差点全体が見えてはいなかった」と証言されている。

事故から三週間後、診断書と諸費用の領収書を受け取るとともに、補償についてのこちらの基本的な考えを説明するために、事故後はじめて、Aさんと事故現場に近いファミリーレストランで面会した。あらためてこちらから謝罪をした上で、怪我の治療にかかった費用に加え、休業に対する補償、オートバイの修理費用など必要な経費については、保険会社が支払うが、現場の調査により過失割合が八五対一五と認定されたため、その割合にあわせて支払うことを伝える。Aさんは、席をはずし、おそらくは電話で父親に相談した上で、過失割合については納得できないとし、まだオートバイの修理も終わっておらず、金額が確定しないため、あらためて交渉の場を持つこととし、一時間ほどの話し合いを終えた。

Aさんの言い分はもっともなことのように思われた。明らかな法律違反をして事故の原因を作ったのは私であるから、相手方にもあるという一五パーセントの過失割合については、もっと低くてもかまわないという思いがあった。それに、支払いは保険でまかなわれることがわかっているので、費用については過失割合がどうであろうと、私自身が支払うわけではない。むしろ、一刻も早く示談にこぎつけたいので、相手方がこの割合に不満であるなら、こちらの過失割合を増すことで、歩み寄りたいというのが偽《いつわ》らざる気持ちだったのだ。

その後、オートバイを使えないことによる通勤費用の負担など新たな経費についても、事故が原因であるものは基本的には支払うという申し出をするなど、さらに交渉が続いた。しばらくして、Aさんの父親から今後は私が交渉の窓口になるとの連絡があり、事故からほぼ一カ月後に、今度は私とAさんの父親との二人で話し合いの場を設けた。その場で、必要な経費は最大限支払う代わりに、過失割合は当初の提示どおり、八五対一五で合意をすることができた。その後、さまざまな金額が確定し、支払額を提示してAさんの父親の了解を得たのが七月に入ってからのことで、その示談書を取りかわし、最終的な金額をAさんの口座に振り込んだのは、事故からほぼ三カ月後のことであった。賠償額はおよそ一六万円あまりとなった。

「過失割合」は妥当《だとう》か

さて、上述のケースで、最終的な過失割合は保険会社の提示どおり、「自転車八五対オートバイ一五」となったが、この割合は妥当といえるのだろうか。

赤信号で進入したほうが一〇〇パーセント悪い、注意が十分ではなかったかもしれないとはいえ、夜間、赤信号で飛び出す自転車を回避するのは不可能で、オートバイにも一五パーセントの過失があるという判断はおかしいと感じた方も多いのではないだろうか。

私の手元に、『自転車事故過失相殺《そうさい》の分析』という分厚い書物がある。自転車事故の増大にともない、日本弁護士連合会交通事故相談センター東京支部所属の弁護士の方々がまとめた、実際の自転車事故の裁判例を詳細に分析した事例集で、こうしたものが市販されている（初版は、二〇〇九年九月）ことじたいが、自転車事故への関心の高まりを象徴的に表わしているように思える。

この本は、自転車同士の事故と自転車と歩行者の事故に限定して取り上げているが、信号の設置された交差点での自転車同士の事故については、六例の記述があり、そのうちの五例は、赤信号で進入した加害者側に一〇〇パーセントの過失を科している。ただし残りの一例は、加害者七〇パーセント、被害者三〇パーセントというもので、被害者側が時速三〇キロという速い速度を出していたことが判断に影響したと分析している。ちなみに先述のように、自転車の制限速度に法律上の制限はなく、その道路の最高速度の制限に準じるとされている。したがって、このケースも三〇キロだったからといって、法律違反ではない。

また、この本によると、一般に自動車対歩行者で、歩行者が赤信号で横断し、自動車（四輪車、オートバイともに）が青信号で進入した場合は、七〇対三〇が基本の過失相殺率となっており、四輪車・オートバイと自転車との場合は、八〇対二〇とされているという記述もある。自転車は、オートバイに比べて「比較弱者」の位置にあるという視点から見れば、八五対一五というのは、あながち自転車有利の判断とはいいきれないことがわかった。

ただ、自転車への厳しい視線が強まっている現在、従来のこの判断では、被害者の心情を思えば、納得してもらえないケースも増えてくるだろうと思われる。交通法規を守っていないほうにペナルティが科されるのは、自転車も車両である以上当然のことだといわれても、なかなか反論しづらい状況になっているからだ。

教訓

交通事故を起こした場合、三つの責任が問われる。一つめは、刑法上の責任。法律違反が著しければ、当然、刑事罰を受けることになる。二つめは、民事上の責任。これが損害賠償である。しかしそれ以前のこととして、相手への、場合によっては社会への道義的な責任も問われることになる。これが、三つめの責任である。「刑事罰を受けて、賠償金を支払ったから、何の問題もないだろう」ということは決してないし、刑事上・民事上の責任は問われなくとも、落ち度があれば相手に誠意を尽くして許しを請《こ》わなければならない。

今回の事故では、私の不注意にもかかわらず、いくつもの幸いに恵まれて、最終的にはそれほど大きな問題にはならずに済んだ。運よく損害賠償への適用が可能な保険に入っており、そのことに気づいたこと、途中からAさんの父親が交渉の窓口となり、冷静に話し合いができたこと、まだ自転車事故の問題が今ほど注目されていなかったことなど、こちらの提示した条件を認めてもらえたことは、今思えば本当に幸運であった。それでも解決までには、三カ月かかり、私自身、毎日のように先方や保険会社と連絡を取り合って、精神的にはかなり参った。ほんの一瞬の気の緩みや不注意が相手にも多大な迷惑をかける事故につながること、もちろん、いちばん大変なのは、事故被害に遭われた方ではあるけれど、加害者も決して心が休まるときがないことは、今回学んだことの中で最も大きいことであった。

言い訳めいているかもしれないが、私の三〇年ほどの自動車運転歴の中で、信号無視をしたことは一度もない。今もゴールド免許の保有者である。それでも、自転車では、つい気が緩んで重大な違反を起こしてしまうことがあることを、この事故でつくづく実感した。あらためて自戒《じかい》の念を深くしたことはいうまでもない。

「対　歩行者」の事故

私の事故から一年ほどのち、今度は私の子どもが、自転車運転中に歩行者とぶつかるという事故を起こした。私の事故は、発生から示談書を交わすまでに三カ月あまりかかったが、こちらは解決までになんと四年の歳月を要した。自転車事故の解決の難しさが凝縮されたケースだったと、今にして思うことしきりである。

当時、中学一年生になったばかりの私の子どもは、通学のため自転車を使っていた。事故は、六月、最も日の入りが遅いころの夜七時半近く、自宅に戻る途中のことである。

道路は片側一車線で路肩はなく、二つの信号にはさまれて比較的交通量も多い。歩道は幅一メートルほどと狭いが、車道も狭く、自転車で走るには危ないため、子どもに限らず、歩道を走る自転車が多い道路である。

その狭い歩道を走行中、マンションの駐車場から現れた幼児に衝突したのである。その幼児の顔に自転車のおそらく前輪がぶつかり、お互いに歩道に倒れたのだ。しかし、そのとき、この幼児が〝飛び出したかどうか〟については、その後双方の認識に違いが生じ、和解への道筋が長引く原因のひとつになった。

事故の知らせを本人から携帯電話で知らされた母親、つまり私の妻が現場に駆けつけ、警察と救急車を呼んだ。ほどなく警察が来て、実況見分が行なわれ、その後に最寄りの警察署で、私の子どもと妻、そして先方の父親が別々に事故の状況を聴取された。被害者の幼児は左眼の下を切って出血をしており、近くの病院へ搬送された。のちに先方から提出された診断書によれば、形成外科では、怪我は左下眼瞼挫創《がんけんざそう》で、一週間ほどの創部安定が必要という診断であり、眼科では軽度の充血があるが、前眼部、中間透光体、眼底には異常はないというものであった。

深い事故認識の溝《みぞ》

翌日、私の自転車事故のときに利用した総合保険の損害補償特約が家族の起こした事故でも適用されることを確認し、翌々日、私たち夫妻は被害に遭われた幼児のご両親と面会し、怪我を負わせたことについて謝罪をした上で、保険を使って損害を賠償していくことを説明した。その際に、事故が起きたときの状況の把握の違いが浮き彫りになったのである。

こちら側の証言はといえば、本人が単独で帰宅途中に起こした事故だったので、中学生だけのものとなる。一方、先方の証言は、直接被害に遭ったのは幼児だったが、父親が近くにいてぶつかった状況を見ていた（と主張されている）ため、大人が目撃した証言となる。

先方は、自分の子は飛び出しておらず、私の子どものほうが静止していたその子に一方的に、しかもかなりスピードを出してぶつかってきたと認識されていた。

一方、私の子どもの弁によれば、スピードはそれほど出しておらず、突然その幼児がマンションの敷地から自転車の前に飛び出してきたという。私も妻も事故が起きた瞬間は見ていないため、自分の子どもの言葉を信じるのか、被害者の方の言葉を信じるのかを突きつけられることになった。

解決には時間がかかりそうだと感じ、私自身の事故のときと同様、事故当日の経緯と翌々日の最初の話し合いの内容を文書にし、公証役場で「確定日付」を取った。

また、私自身、その現場に自転車で何度も出かけ、子どもが事故を起こしたときと同じ時間帯に同じルートで実際に走ってみた。それが次ページの図の通りである。

【地図5】

その結果、ぶつかった場所の直前に、歩道を塞ぐ形で電柱があり、ただでさえ狭い歩道はそのあたりでは八〇センチほどしか幅がなくスピードを出せないこと、したがって、もし先方がいわれるように、立ち止まっている幼児にぶつかるとしても、電柱をよけながら走ることでスピードを上げることができず、また前方を注意せざるをえない状況であることがわかり、基本的には子どもの証言に嘘や思い違いはないと信じて、以後の交渉に当たることになった。ぶつかる直前の歩道左側には一・四メートルほどの高さの植え込みがあり、小さな子が飛び出してきた場合には、直前までわからないということも現場を走ってみてわかった。

しかし、その後の交渉の過程において も、あらためて両者の間の深い認識の溝が明らかになった。

一つめは、上述の事故の状況認識の差。

前回同様、保険会社から依頼された調査会

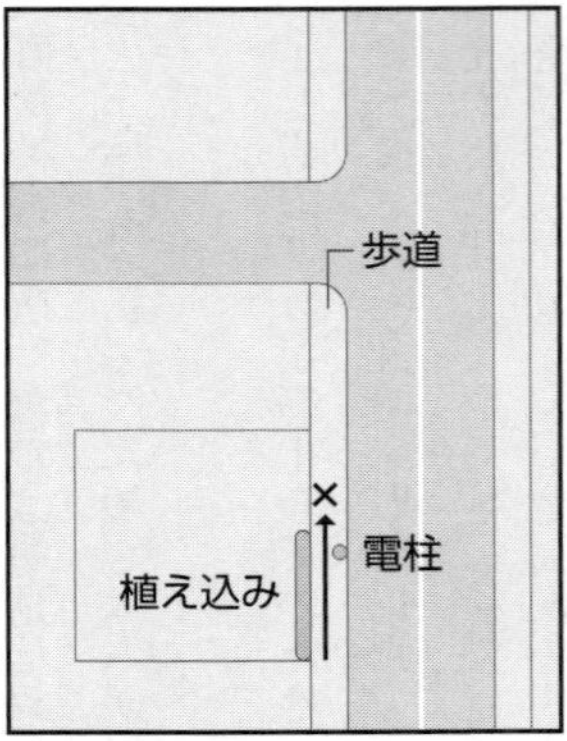

【地図5】子どもが事故を起こした歩道。電柱のために、たいへん狭くなっている

社が事故の現場を確認し、今回の過失割合を、別の事故の判例なども勘案《かんあん》して、加害者側七〇対被害者側三〇としたが、先方は立ち止まっていたので過失は一切ないとして納得されなかった。

二つめは、賠償の範囲の問題。こちらは加害者として、怪我の治療費やそのために両親が仕事を休んだ休業補償、また幼い子どもの顔に怪我を負わせたことによる精神的な負担を考慮した慰謝料などの補償を申し出たが、先方はそれに加えて、顔（瞼《まぶた》の下）に重大な傷が残るかもしれないことから生じる慰謝料や将来の手術費用、怪我だけでなく、本人が事故の影響で精神的に不安定になったことへの治療費、またそのために実家に帰って治療を受けた費用、交通費などの費用も賠償の対象だという見解を伝えてきた。もちろん、幼い子どもの顔に怪我を負わされたご両親の怒りと心配は、私も子を持つ親であるためよく理解できるし、逆の立場になったら、おそらく相手に対しできうるかぎりの補償を求めようとするだろう。

どこまで補償するのか

保険で支払うことになった以上、補償額が一〇〇万円だろうが一〇〇〇万円だろうが、保険の範囲内であれば、私自身はどれほど高くてもかまわない。むしろ、迅速《じんそく》に解決するなら、相手の言い分をできるだけ受け入れたほうがよいと思うのではあるが、当然ながら保険会社も、その賠償の範囲が適正でなければ、支払いには応じてくれない。

瞼の下の怪我は、医師の診断書をもとにした保険会社の査定では、後遺症と認定することはできないというものであったし、精神的な側面についても、医師の診断書では自転車事故との因果関係は認められないというものだったので、支払いの対象にはならず、であれば当然実家への交通費やそちらでの治療費も支払えないということで、この二つの溝をめぐって、保険会社の判断を先方に伝え、先方の反論を今度は保険会社に伝え、ということを繰り返しているうちに月日はどんどん過ぎていった（私の事故の場合と同様、総合保険の特約であるため、こういったやり取りは一切を加入者がやらなくてはならない）。

その間、私は再び知己の弁護士に相談したり、いわゆるセカンド・オピニオンを得るため、日弁連交通事故相談センターによる無料の面接相談を受けるなどして、対処のアドバイスを受けた。どちらも保険会社が損害賠償を行なうことになった以上、判断はプロたる保険会社にゆだねるのがよいという見解だった。

過失割合の相違については、算定した調査会社が私の説明だけを受けていることに先方が不公平だと主張されたため、あらためて先方の父親からもヒアリングを行ない、さらには事故当日現場検証をした警察署にも出向いてもらって、公正な判断を仰《あお》ぐことにした。そのときの調査会社の見解は、次の通りである。

「B（先方の名前）様のご説明をうかがい、事故の被害者であるB様がこの事故の経緯をどう認識されているかがあらためて確認できました。ただし、相変わらず、双方の認識にいくつかの食い違いがあり、事故の瞬間を目撃した客観的な第三者の証言が得られないことや、当事者がお子様同士であることから、真実の特定は困難と思われます。

B様のご説明は、一番身近にいた大人の証言として貴重ですが、事故を一部始終目撃されていたわけではございませんので、B様の主張のみを全面的に受け入れることは致しかねます。とはいえ、B様のお子様が静止していたにせよ、動きがあったにせよ、歩道上を進行した自転車が、お子様にぶつかったことは間違いのない事実であり、事故の責任は、基本的には自転車の運転者（およびその保護者）に帰せられると考えます」

こちらも中学生になったばかりの子どもではあったが、被害者もまた、それより幼い子どもであり、「優者危険負担の原則」に照らせば、自転車側に過失を帰すという考えにも私は納得できた。

過失割合は、こちらの一〇〇パーセントに

この見解を受け、私は和解には少なくとも事故の責任はすべてこちらにあるということでなければ、先方に受け入れてもらえないと考え、保険会社に過失割合は一〇〇対〇でお願いしたいと依頼した。

この時点では、先方からは慰謝料も含め、一〇〇万円を超える損害賠償請求を求められていたが、最終的には過失割合をこちらが一〇〇パーセントとした上で、あらためて金額を提示し、事故からほど四年後に示談にこぎつけた。賠償金額は、先方の請求額の三分の一強ほどとなった。その間に被害者の父親とやり取りした手紙やメールの回数は数十回に及んだ。

幼い子どもの顔に怪我を負わせるという悔やみきれない事故を起こし、相手に対し申し訳ない気持ちでいっぱいであったことはいうまでもないが、私の子どもも中学生から高校生へと多感な思春期を迎える時期にあたり、自分の事故で親に迷惑をかけていることを気にかけているかもしれないと思うと、子どもの前であまり深刻な顔もできなかった。また過失割合をこちらが一〇〇パーセントだと受け入れることは、子どもの主張を親が信じていないと受け取られないかと悩んだりもし、自分の子どもも加害者ではありながらも、「事故」の当事者という意味では、精神的には不安な状態が続いたはずである。

自動車事故よりも大変な自転車事故

法律的にいえば、私の子どもに明確な道路交通法違反があったかどうかがひとつの論点になるだろう。

事故の起こった歩道は狭いため、自転車通行可の標識はなく、その点では本来通行禁止の歩道を走っていた子どもに法律違反がある（現在の道交法では、前述のように「自転車の通行の安全を確保するため、やむをえないと認められたとき」は歩道通行可能となっており、この道路では狭い車道を頻繁に車が走っているため、それが適用される可能性もあるが、事故が起きたのはこの条文が付け加えられた二〇〇八年よりも前であるので、事故当時はこの条文は適用されない）。

また、仮に自転車通行可能な道路であったとしても、歩行者に注意して徐行する義務があるので、飛び出してきた可能性もあるとはいえ、歩行者とぶつかったということは、徐行の義務を果たしていなかったわけで、これももちろん道路交通法違反である。ただ、最初の現場検証に当たった警察官は、この歩道が「自転車通行可能」という認識を示していたし（警察は、自転車は車道よりも歩道を走るものだという認識が強い。その証拠に、警察官自身、警邏《けいら》中自転車に乗る際は、ほぼ例外なく歩道を走っている。車道を走る警察官を目撃したことはほとんどない）、車道側にまったく路肩がなく、車の通行量も多いため、実質的には自転車通行は難しい状況でもあったので、私は自分の子どもに対して、「この道路では、車道を走れ」とは指導できなかったことも事実である。

しかし、私はそのことよりも、自動車事故に比べて、警察の検証もどこかおざなりであったこと、自動車事故であれば、少なくとも運転者は一八歳以上であるため、死亡していなければ、それなりの証言が得られるが（もちろん、自分に有利になるよう虚偽の主張をすることもあろうが）、自転車事故では、今回のように当事者がどちらも未成年ということも珍しくなく、事故原因の特定も難しいこと、また、保険会社が示談交渉そのものはせずに、損害賠償の認定など手続き的なことだけに関わる状況だと、加害者側も保険会社と先方の主張との板ばさみに会うし、先方から見ても、二言目に私が「保険会社はこういう見解です」といわざるをえないことで、誠意を欠いていると受けとられてしまうようなところもあり、解決への道のりは、自動車の事故以上に険しいことが、自転車事故のより大きな課題であるように感じた。

その後、こうした体験を話すと、「実は、私も同様の苦労をしました」とか、「今も先方と交渉中で三年以上経っています」という話を逆にされたことが何度もある。自転車事故の民事的な解決への示談交渉で苦労している人は、かなり多いのではないかと推察できる。

紹介したケースでも、示談には至ったが、双方の家族には甚大《じんだい》なエネルギーと精神的な負担がかかった。事故は起こさないに限るが、では今回の事故は防げたのかといえば、現在の日本の道路状況では、歩道を絶対に走らないということもできないし、徐行しながら周囲に気を配って走ればよいとはいえ、いついかなる時点でも気を配りつづけることなど、簡単ではないだろう。別のことに注意を奪われ、より重要なアラームに気づくのが遅れることは、誰にでも起こりうることである。

注意に注意を重ねながらも、万が一事故が起きたときのことも考えて、保険加入も含め、できうる限りの対策を取っておく。その備えの大切さも身に沁《し》みた二つの事故の体験であった。

第四章　それでも自転車に乗りますか？

自転車乗用中の死者数の割合が多い日本

この章では、実体験を通して見たミクロの視点ではなく、マクロの視点から、自転車事故の全体像と自転車事故に対する保険の現状と課題について触れたい。

まず、次ページのグラフ【表1】をご覧いただきたい。二〇〇九年の日本を含めた主要六カ国の状態別交通事故死者数の構成率を示したものである（『平成23年版　交通安全白書』より）。

日本以外の五カ国は、最も多かったのが、「乗用車」（四輪の自動車）に「乗用中」（乗用としているのは、運転者以外の同乗者の死者も含んでいるからである）の事故であったのに比べて、日本では、乗用車乗用中の死者数の割合がかなり低いこと、その逆に、歩行中と自転車乗用中の死者数の割合が突出して高くなっていることが一目瞭然《りょうぜん》である。

もちろん、歩行中の死者も自転車乗用中の死者も、自動車とぶつかって亡くなった人が多いはずだが、それにしても、この両者の構成比が多いのには驚きを禁じえない。

交通事故死といえば、いちばん最初に思い浮かぶ自動車乗用中の死者数の割合が二割しかないということは、逆にいえば、この国では「交通弱者」ほど犠牲になってい

【表1】
主要六カ国の状態別交通事故死者数の構成率

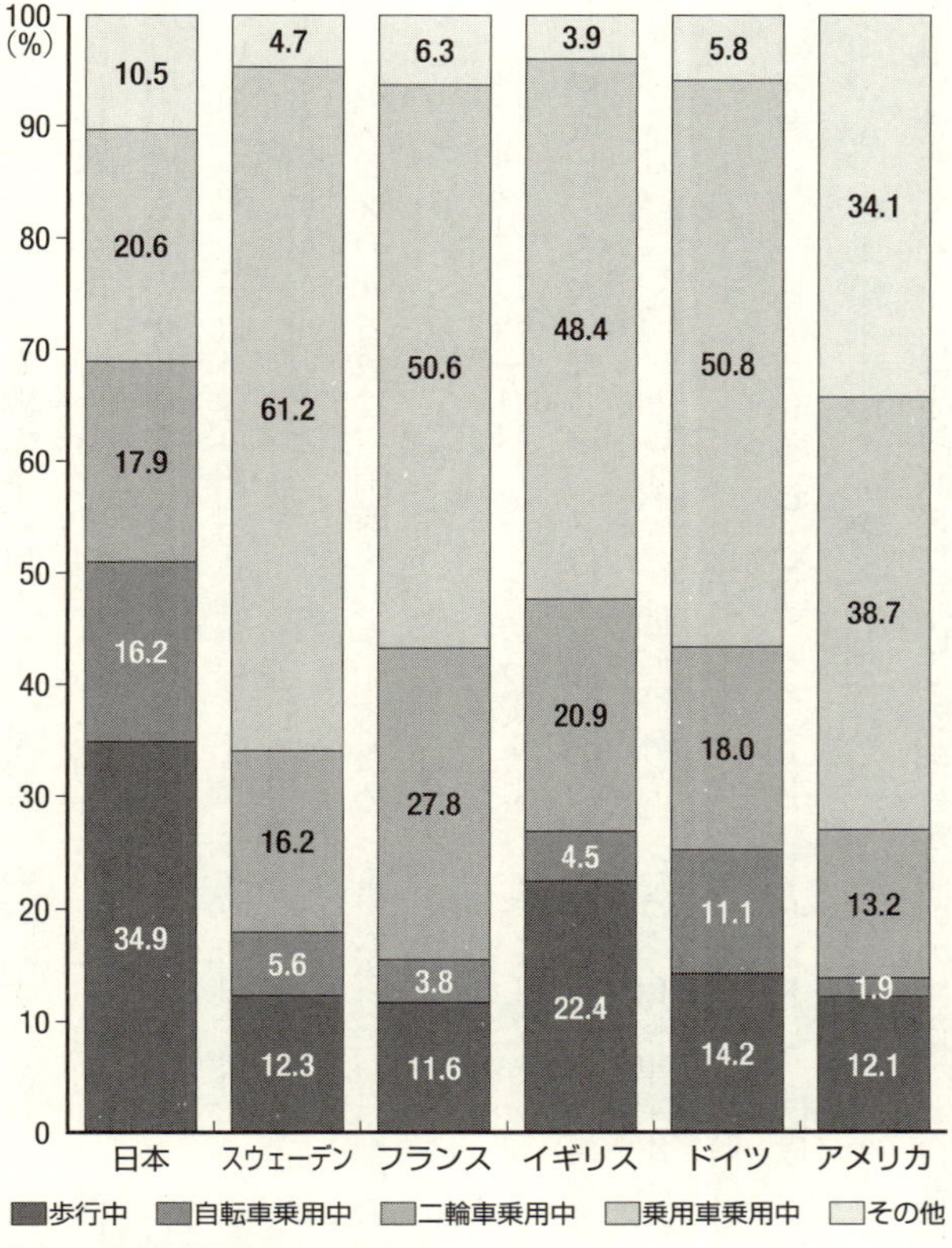

注1：IRTAD資料による
注2：死者数の定義は事故発生後30日以内の死者である

るということだ。しかも死者数の半数以上が六五歳以上の高齢者であり、この比率も他の五カ国に比べて突出している。人口に占める高齢者の比率が他国より高いということを割り引いても、いかに弱者が交通事故で亡くなっているかがデータから明らかになっている（なお、日本以外の五か国の自転車保有率は、ドイツが日本より高く、スウェーデンが同程度、英米仏は日本の半分強である）。

実は、このグラフの死者数は、国際比較をするため、「事故後三〇日以内の死者数」で表示している。ところが日本では、一般的に「交通事故の死者」という場合は、「事故後二四時間以内の死亡者数」だけをカウントしている。したがって、このグラフで示した構成比のもとになるデータは、二四時間以内の死者数（「二四時間死者」と呼ぶ）よりも多くなっている。しかも、「二四時間死者」のうち自転車乗用中の死者の割合は、一三・五パーセント（二〇一〇年のデータ）なのに比して、二四時間経過後三〇日以内の死者（「三〇日死者」と呼ぶ）では、三〇・七パーセントと二倍以上になっている。そのぶん、自動車乗車中の死者数の割合は、「三〇日死者」では少ない。つまり、乗用車に乗っている人は事故直後に死亡する割合が高いのに比べ、自転車乗用中の死者は、即死ではなく、いったん重傷扱いにされ、一カ月以内に死亡するケースの割合が多いということになる。このことを考慮すれば、日本の統計で表わされる数字よりも、実際には、自転車乗用中の死者はかなり多いわけである。

自転車乗用中の死者という区分は、何とぶつかって死亡したかは（自動車なのか二輪車なのか単独事故なのか）わからないので、これ以上の分析は難しいが、まずは、日本では、交通被害者として見た場合、自転車は非常に危険な状況にあることがわかるだろう。

クローズアップされる自転車事故

続いて次ページのグラフ【表2】をご覧いただこう。

これは、自転車関連事故（自転車側に主たる原因があるだけでなく、別の主体に事故の原因があり、自転車は第二原因となっているケースも含む）における相手別の事故件数の年次推移を見たものである。

「対 自動車」の事故は、二〇〇一年度から二〇一〇年度の九年間で約一六パーセン

【表2】自転車関連事故における相手別の事故件数（年次推移）

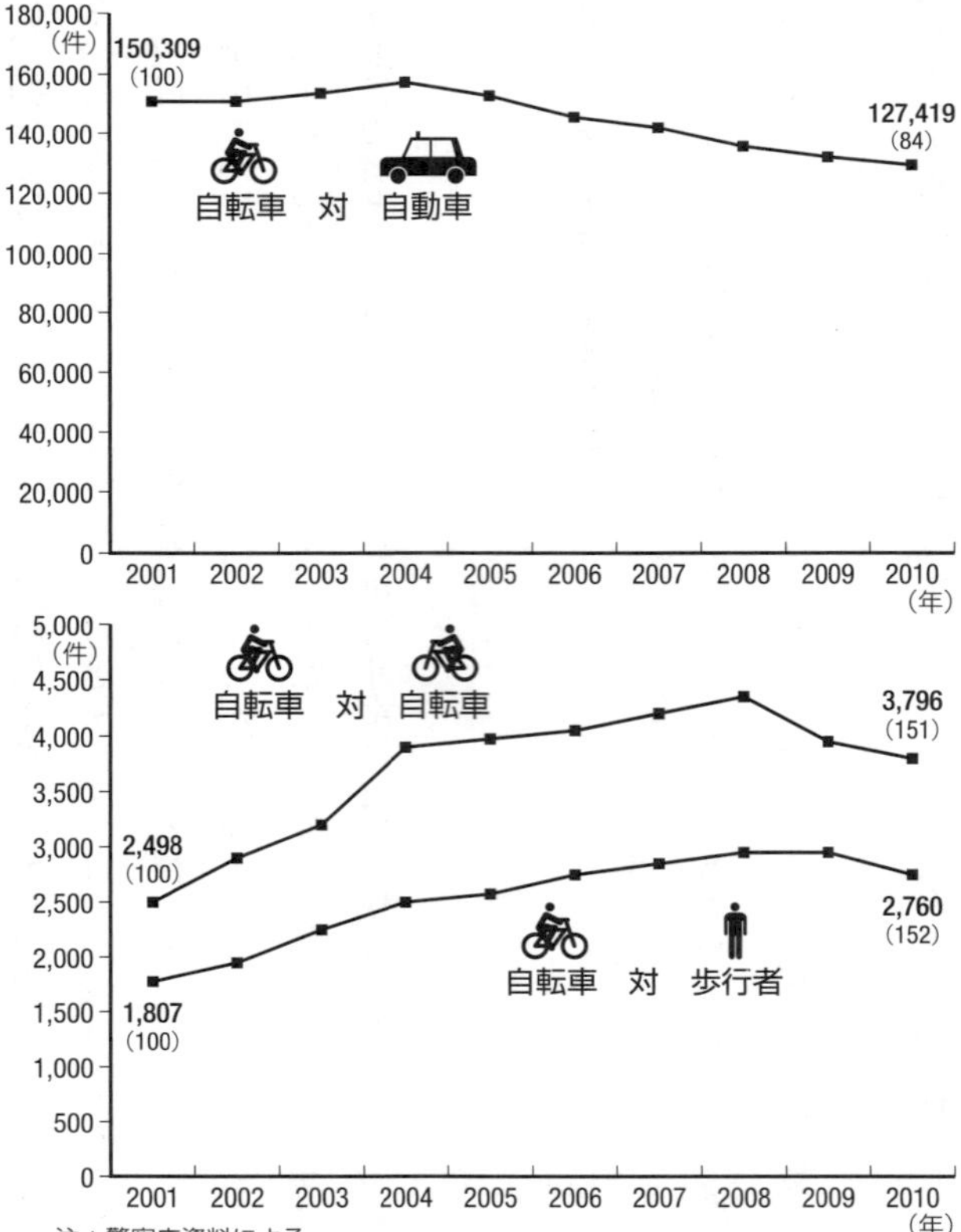

注：警察庁資料による

ト減っているにもかかわらず、「自転車同士」の事故と「自転車 対 歩行者」の事故は、二〇〇八年度まで一貫して増加してきており、約一・五倍に達していることが見てとれる。「自転車が加害者となっている」という、現在の社会問題ともいえる現象は、このデータでも裏づけられているといえよう。

また、自転車が「第一当事者」（最初に交通事故に関与した車両などの運転者または歩行者のうち、最も過失の重い者）となっている死亡事故の件数も統計化されているが、これによると、二〇〇六年が二六〇件、それ以降二〇一〇年までほぼ二〇〇件前半で推移している。たとえば、二〇〇九年は全国で二二七件あるので、一件の事故で一人が亡くなっているとすると、一年間で自転車が原因で少なくとも二二七人が死亡しているということになる。

さらに、その「事故類型」では、「自転車 対 人」が四件、「自転車 対 車両（自転車も含むあらゆる車両）」が一六一件、「車両単独」が五六件となっている。

「自転車 対 人」――つまり自転車が歩行者を死亡させる事故が四件あったということだが、ここ五年間の数字では、多い年で八件、少ない年でも四件、二〇〇六～一〇年の五年間で（最低）二一七人が命を落としていることになる。

次に、自転車事故の件数を交通事故総件数と比較して、その年次推移を表わしたグラフを見てみよう。【表3】警察庁のまとめによれば、二〇〇一年の自転車事故の件数は、およそ一七万五〇〇〇件あったのが、〇九年には、一五万六〇〇〇件ほどに減っている。ところが、交通事故の総件数が大きく減少しているので、事故全体に占める自転車事故の割合は、一八・五％から二一・二％へと、むしろ増加している。

死者数についても、交通事故による死者数全体は過去一〇年間で、九〇一六人（一九九九年、これはいわゆる二四時間死者数である）から四九一四人（二〇〇九年）へと、半数近くに減った。一方、自転車乗用中の事故による死者数は、同時期に一〇三二人から六九五人へと三割ほど減ったにすぎない。全体に占める割合も一一・五パーセントから一四・一パーセントへと増加している。

このように、自転車事故は、新たな社会問題として認識されるに足る状況にあるといってよい。

【表3】交通事故全体と自転車事故の件数比較（年次推移）

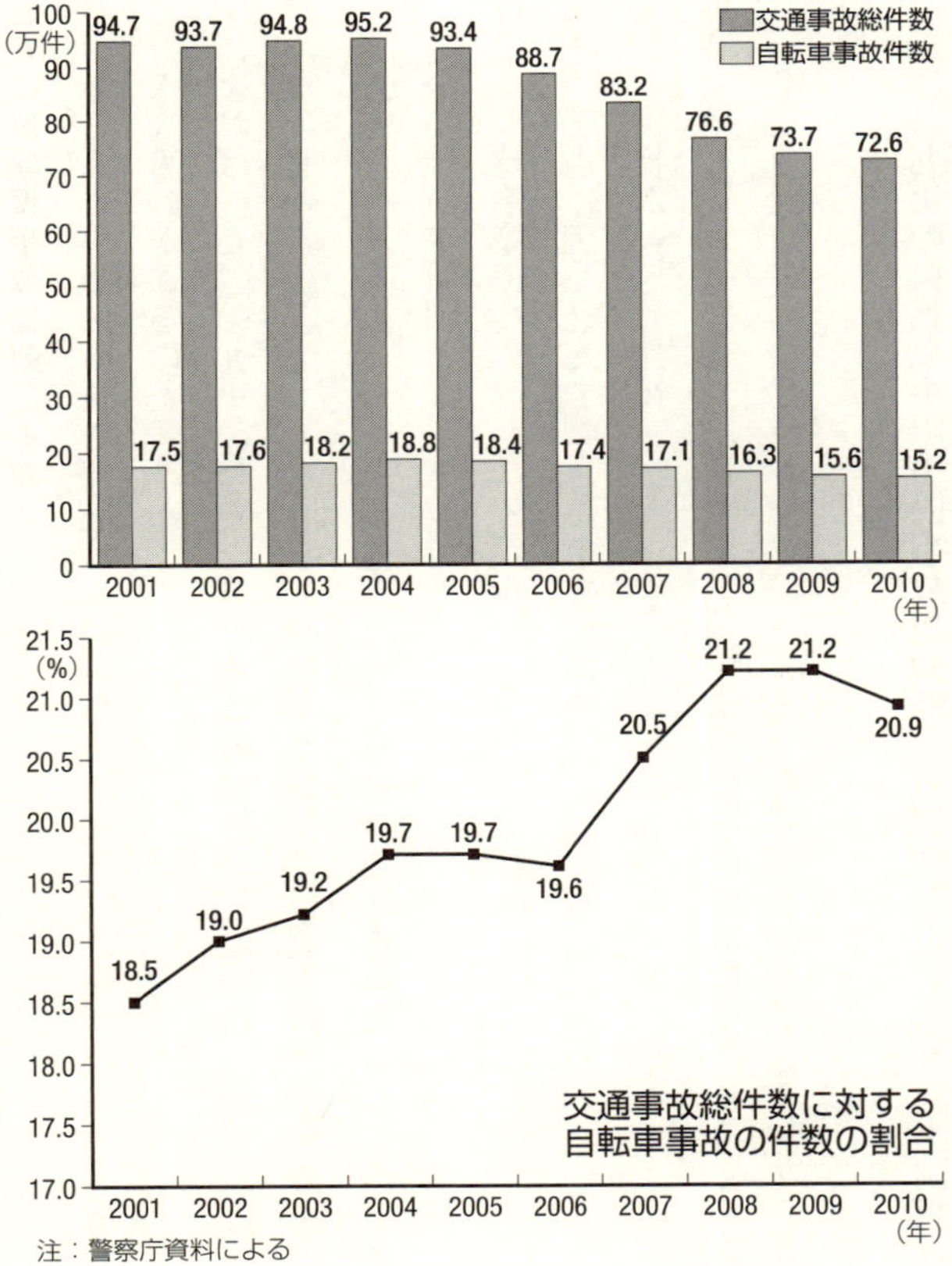

注：警察庁資料による

どんなときに自転車事故は起こるか

私自身が起こした事故の直接の原因は「信号無視」であったが、自転車事故の主な要因にはどんなものがあるのだろうか。

警察庁によれば、二〇〇九年に起きた自転車事故を法令違反別に分類すると、最も多いのが「安全運転義務違反」で、五四・四パーセント。車道走行中、後ろを十分確認せず、急な進路変更をしたり、脇見をしたり、携帯メールをしたりして人と接触するなどの安全不確認が原因となる事故である。

二番目が「一時不停止」で、一八・六パーセント。これは、信号のない交差点などでそのまま交差点に突っ込んで起きる事故である。

そして、三番目が「信号無視」で九・〇パーセント。この三つの原因で、自転車が第一当事者（過失の最も多い者）の事故の八割以上を占める。そのほか、「交差点進行義務違反」、「優先進行妨害」などがあるが、やはり、不注意と交差点での事故が多いことがわかる。

また、二〇〇九年の自転車乗用中の事故類型別の事故件数を見ると、車両相互事故の件数一四万五〇〇〇件のうち、半数以上の五六パーセントが出会い頭《がしら》の衝突で、やはり交差点が鬼門《きもん》であることがわかる。死亡事故に限れば、この年に自転車が第一当事者となっている車両相互の死亡事故件数一六一件のうち、八〇パーセントに近い一二六件が、やはり出会い頭の衝突を原因としており、この傾向は明らかである。とくに自転車の場合、自動車以上に一時停止や信号遵守《じゅんしゅ》の意識が薄れがちなので、より注意が必要であろう。

自転車で走っていて、いちばん危ないと思うのは、交差点に進入する際、同じ方向を走る車の左折に巻き込まれそうになることである。自動車のほぼ真横を走っていると、バックミラーには映らないため、自動車は自転車の存在に気づかないまま左折しようとする。自分が車を運転しているときにそういうことが多いので、逆に自転車に乗っているときは、自分は認識されていない可能性が高いと思って気をつけて乗らないと本当に巻き込まれてしまう。

さらに危ないのは、歩道から横断歩道に飛び出したときに、同じ進行方向から左折する車にぶつかる可能性である。歩道を走っている自転車は、ガードレールや植栽《しょくさい》に遮《さえぎ》られて車道を走っているとき以上に認識されにくい（統計でも車道を走る自転車より、歩道を走る自転車のほうが、車から見て認識されにくいというデータがある）。自転車の歩道走行が危険なのは、歩行者との接触事故の危険が高くなるということもあるが、この「車道を走る車から死角になって認識されない」点もそれに劣らず大きい。

あまりにも悲惨な事故も

前章で述べた自分と家族が当事者となった自転車事故の例は、被害者の方の命に別条がなかったという点では、加害者・被害者の双方にとって、まだ救いの余地があった。しかし実際には、被害者が死亡するという最も痛ましい事故が後を絶たない。

一九九九年に兵庫県で起きた自転車同士の事故は、歩道と車道に分離された片側一車線の道路の車道脇を二人乗りで下っていた自転車が、斜めに交わる三叉路《さんさろ》に下り坂の勢いのまま進入、その道路の左側を走っていた自転車とほぼ正面衝突し、相手自転車に乗っていた老人男性に脳挫傷《のうざしょう》の重傷を負わせ、一年四カ月後に死亡させたケースである。

事故は上り坂よりも下り坂で起きやすいと、第一章で書いたが、さらに二人乗りで下ると、重みでスピードが増し、制動が利《き》かなくなる。こうなると、自転車は車よりも危ない凶器となる。交差点、下り坂によるスピードの超過、そして、それじたいが交通違反となる二人乗り運転と悪条件が重なり、起きるべくして起きた典型的な事例である。

二〇〇二年に東京都で起きた、自転車が歩行者と衝突し死亡させたケースでも、加害者は、片手にペットボトルを持ったまま、下り坂を減速せず、信号機のない交差点に進入、横断歩道を歩いていた女性にぶつかっている。やはり、交差点、下り坂、片手運転、しかも歩行者は横断歩道を渡っていて過失はないという状況であり、自転車の悪質さが際立《きわだ》っている。

ペットボトルを片手で持ちながら、あるいは携帯電話を操作しながら運転するのは言語道断とはいえ、現実には、ハンドサインを出したり、汗をぬぐったり、姿勢を少し変えたりした際に、片手を離してしまうことは、自転車を運転する人なら誰でも経験しているはずだ。それが下り坂であっても、慣れた道で、自分の技術を過信している者ほど、簡単に片手運転をしてしまう。この二つの事故を引き起こした状況は、決してレアケースではない。

また、二〇一〇年二月には、東京都渋谷区で、歩行中の女性が三〇代の男性が運転する「ピスト」と呼ばれるブレーキのない競技用の自転車に出会い頭ではねられ、一週間後に死亡している。その後、ブレーキをはずした自転車の摘発が強化されているが、二〇一〇年の一年間で、実に東京都だけで年間六〇〇件を超える違反車が摘発されている。競技用の自転車は、その競技の特性からブレーキはなく、ペダルを逆回転させて自転車を止めているのだが、これは専用の競技スペースを走るから許されているのである。それが最近では、ファッション性が高いから、スリリングだからという理由で走行している者が急増した。しかし、自動車に置きかえて考えた場合、ブレーキをはずすことなど考えられるだろうか。

もちろん、こうした意図的に道路交通法に違反しているケースだけでなく、明確な法律違反がなくても、ちょっとした不注意や、車や人を避けようとして、別の車や人にぶつかるケースは多い。自転車は、一見弱い存在に見えて、利用者の安全意識の欠如によって、道路上で最も危ない凶器に変わりうるのだ。

自転車にも不可欠な賠償責任保険

危ない凶器となりうるものを公道で走らせる以上は、すべての利用者は加害者となりうる。安全運転を心がけていても、不測の事態は起こる。

私と家族が起こした二つの事故では、先方への損害賠償は、私が加入していた保険から支払うことができた。この保険は、自転車での事故だけを想定していたわけではなく、通常の傷害保険に〝特約〟として損害賠償が付帯していたものであるが、結果として、これがあったおかげで支払い金額の多寡《たか》に一喜一憂することはなかった。逆にこの保険に入っていなかったらと思うと、今もぞっとする。

私が入っていた保険をもう一度わかりやすく整理すると、会社を通して入っている団体保険のうちのフルガード保険と呼ばれるものである。基本の保証は傷害保険、つまり自分の死亡や入院・通院などに支払われる保険で、家族もカバーされていて、いちばん保険料の安いものは、月額一一八〇円。怪我による入通院に日額一三八〇円支払われるほか、わずかだが死亡時にも保険金が下りる。この保険に個人賠償の特約をつけると、月額六〇円で一事故一億円、免責金額〇円（被保険者は負担なし）の賠償金額が支払われる。トータル月額一二四〇円で、一億円という、これまでの自転車事故の最高額の賠償金をもカバーする保険金が支払われるのである。しかも現在では、約《やっ》款《かん》によれば、「示談交渉を引き受ける」ということも書かれている。私が散々苦労した示談交渉も、二〇〇九年からは引き受けてくれるようになっている（もちろん、加害者がすべてを人任せにしてよいわけではなく、金銭的な部分の交渉について負担が軽減し、他の対応に気を回すことができるという意味である）。

ところが、こうした個人賠償責任保険は、保険料が比較的低いせいか、保険会社のほうも単体で商品として扱うメリットが少ないため、専用の保険ではなく、特約としてついていることが多い。しかし、加入したほうも契約時は意識をしていても、保険の内容をずっと覚えている人はそう多くないだろう。私も契約書を仔細《しさい》に点検するまで、特約のことを思い出せなかった。また、支払い限度額が低く設定されているものもあり、事故を起こしてから確認したら、高額の賠償には対応できなかったという可能性も考えられる。

通勤などで毎日乗る者だけでなく、家族の中に自転車に乗る子どもがいる場合や、距離は短いながら買い物などで乗る人も、一度、保険について再確認することが必要だ。傷害保険などに入っているのであれば、どんなときにどれだけ補償があるのかをチェックした上で、十分ではないということであれば、あらためてこれから述べる専用の自転車保険も含めて、加入を検討する必要があろう。

自転車事故専用の保険

私自身、学生時代には、大学のクラブを通じ、大学横断的なサイクリング連盟に属して活動していたわけだが、その最大のメリットは、団体扱いで自転車総合保険に加入できることでもあった。ハードな長距離ツーリングをこなしていると、かなりスピードを出したり、峠道やダート（未舗装《ほそう》の道路）など条件の悪い道路を走ったり、体力やスピードの違う仲間が一緒に走ることによる疲労の蓄積《ちくせき》や接触事故の確率の増大など、危険が高く、保険加入は必須であった。しかし、社会人になり、週末に遠乗りをすることもなくなって、そこまでの必要性は感じられなくなった。

この自転車総合保険、かつては多くの損保会社などが一般用の保険商品のラインアップに加えていたが、ここ数年で相次いで消えてしまった。現在、自転車保険の多くは、自動車保険に特約として自転車も含むという形になっている。自転車単体では加入する人がなかなか確保できなかったのであろう。しかし、自動車保険の特約では、車を運転しない人や子どもは加入できない。

現在も個人で加入できる老舗の自転車総合保険は、「日本サイクリング協会」（JCA）が扱っているもので、その賛助会員になれば、年間四〇〇〇円の保険料で、相手方へ負わせた傷害などの補償が最大五〇〇〇万円、本人の死亡・後遺障害の補償に二一三万円（後遺障害の場合は最大で）が支払われる。追加の保険料を払えば、自身の入院補償も支払われる。後述するように、最近では、自転車事故でも五〇〇〇万円を超える賠償の支払いを求められるケースがある。そういう意味では、「最大五〇〇〇万円」は支払い金額のひとつの目安と考えてよいかもしれない。

一方、新たな動きとして、東日本大震災以降、簡単に手続きができる新たな自転車専用の保険商品も登場している。三井住友海上火災保険は二〇一一年九月、セブンイレブン・ジャパンと提携し、同年一一月からセブンイレブンの全店で、店内にあるマルチコピー機を利用した「自転車向け保険」の販売を開始すると発表した。その中で、取り扱いの理由として、「電動アシスト自転車を含む自転車利用者がますます増加している一方、自転車事故やそれに伴う高額賠償が社会問題となって」おり、「自転車利用者のニーズに応えるべくサービスを拡充し、自転車向け保険を販売することとした」としている。保険期間は一年で、一時払保険料は、「個人型」（四七六〇円）、「夫婦型」（七〇〇〇円）、「家族型」（一万一七二〇円）となっている。補償内容は、「傷害死亡・後遺障害保険金額」が四〇〇万円、「傷害入院保険金日額」が六〇〇〇円、「日常生活賠償（対人・対物）」が一億円で、高額賠償にも対応できるようになっているのが特徴だ。

簡易型保険（ＴＳマーク付帯《ふたい》保険）

こうした保険会社などとの契約で加入する保険の他に、自転車にはＴＳマーク付帯保険という制度もある。これは、「公益財団法人日本交通管理技術協会」が定めたもので、年に一度指定された自転車安全整備店で自転車の点検・整備を受けるときに交付されるシール「TSマーク」に、自動的に傷害保険と賠償責任保険が付帯されるという制度である。赤色と青色の2種類があり、赤では死亡・重度後遺障害に対し最高二〇〇〇万円、青では一〇〇〇〇万円の賠償責任保険が一年間つけられる。高額化している近年の賠償責任のすべてをまかなうことはできないにせよ、ブレーキやチェーンの具合が確認できるなどの安全点検に、保険がセットでついてくる一石二鳥の制度であり、最低限の補償はこれで得られる。

ただしこの保険も、一年を経て更新を怠《おこた》ると、切れてしまう。保険の谷間にならないよう、期限が近づいたら自発的に再び整備を受けるなど、保険への加入もセットであることを自覚して忘れないようにすれば、整備点検代だけでこの保険に入れるのは大きなメリットであろう。

保険にはさまざまな種類がある。クレジットカードに損害賠償保険が付帯しているケースもある。また、自転車事故の高額賠償がより一般化していくことで、もっと充実した商品が販売されるかもしれない。私は、今のところ、自分が加入している団体のフルガード保険が、示談交渉もしてくれるように変わったこと、賠償額が一億円と、自転車事故であればほぼカバーできることなどから、この保険を継続している。

頻発《ひんぱつ》する高額賠償事故

ここ数年、死亡事故はもちろんのこと、死亡事故でなくても、かつての自転車事故では想像できなかったような高額な損害賠償の支払いを命じられるケースが増えており、そうした具体例を、メディアや法律の専門雑誌などで目にすることが多くなった。

二〇〇五年の横浜地裁の判決では、市道を歩行中の女性が女子高生が乗っていた自転車に追突されて、手足に麻痺《まひ》が残り歩行困難となって職も失ったという事故で、運転者が「重過失」（無灯火で、携帯電話を操作しながらの運転）であったことから、死亡事故ではないが、およそ五〇〇〇万円の支払いを命じた。

二〇〇七年の東京地裁の判決では、五五歳の女性が交差点の横断歩道を渡っていたところ、赤信号にもかかわらず、自転車が時速三〇～四〇キロで前方を注視せず交差点に進入、歩行者に衝突し、頭蓋《ずがい》内損傷を負わせ、一〇日後に死亡した事故で、加害者に五四〇〇万円あまりの支払いを命じている。歩行者が青信号で横断歩道を渡っている場合は、歩行者の過失は発生せず、過失割合は一〇〇対〇であり、この判決では請求額の九割近くが認められており、加害者は重過失致死罪で禁錮《きんこ》二年の実刑判決を受けている。

横断歩道に信号がない場合でも、自転車に重大な過失がある場合は、同様の判決が下りている。前述した、片手にペットボトルを持ったまま下り坂を減速しなかった自転車が、横断歩道を歩いていた歩行者に激突し死亡させた事故では、やはり加害者の過失一〇〇パーセントで、およそ六八〇〇万円の支払いを命じている。

被害者にとっては、加害者が車であろうと、自転車であろうと、障害や被害の程度が同じであれば、あるいは、あとの二つの事例のように死に至れば、それを区別して考えることはできないはずだ。自転車も自動車並みの責任を引き受けなければいけないという判例が次々と出ている流れは、当然のことであろう。

二〇一〇年三月には、東京・横浜・大阪地方裁判所などの交通事故専門の裁判官によって、「歩道上での自転車 対 歩行者の事故の責任は、原則自転車側にある」という基準が示された。これまで歩行者寄りの存在だと考えられていた自転車が、自動車と変わらない存在であると重く受けとめられるようになった結果であろう。

さらに、二〇一一年になって、事故を「誘発《ゆうはつ》」した自転車の運転者が起訴されるという、自転車利用者としては看過《かんか》できない交通事故が起きた。

この事故は、大阪市で、タンクローリーが歩道に突っこみ、そこにいた二人が死亡したというもので、タンクローリーの運転手と、そのタンクローリーのすぐ前に割り込んだワゴン車の運転手が、ともに自動車運転過失致死容疑で逮捕・送検されたが、二人は処分保留で釈放され、不起訴となった。

事故の真の原因を調査していくうち、事故の直前に、自転車が安全を確認しないいま道路を横断、それを避けようとしたワゴン車がタンクローリーの前に割り込んだために起きた事故であることが明らかになった。そのため、この自転車の運転者が重過失致死罪で起訴されたのである。死亡事故の当事者が不起訴になり、その事故の最初の原因となった自転車のみに非があるとしたこの判断は、自転車の運転者がいかに大きな責任を有するかを如実に示すものであった。

遺族にすれば、加害相手が自動車の運転者ならば保険に入っているはずだから損害賠償も請求できるが、相手が自転車となると、それこそ高額な賠償をカバーする保険に入っていなければ、請求しても支払われないという事態もありうるわけで、この判断に対する評価はなかなか難しい。しかし、この判断は、自転車が間接的にかかわる事故でも、その責任は免《まぬが》れないという先例となろう。

なお、報道によると、一〇月になって遺族のひとりが、自転車の運転者が起訴され、タンクローリーの運転者が不起訴となったことは不当だとして、検察審査会に審査を申し立てることになったという。この事故の責任の行方は、今後も波紋を呼びそうである。

自転車利用者には、保険加入を義務化すべき?

以上のような実態から、自転車の賠償保険を任意に任せておけば、加害者は賠償金を支払うことができず、被害者は正当な賠償金を受け取ることができないという悲劇が生み出されることになる。

そのため、自転車の保険の義務化や自賠責保険（自動車損害賠償責任保険）制度の導入への議論が始められ、二〇一〇年六月には、交通事故の被害者団体の代表が国土交通省設置の懇談会で、自転車を自賠責保険の対象とするよう提言している。しかし国は、「保険料の徴収には、保険にどの程度の国民が加入するかの数字の基礎となる自転車の利用者数を把握する必要があるが、車やオートバイのような車検制度もないため、現実には難しい」と消極的な立場をとっていると伝えられた。

また、自転車保険の加入義務づけについて、全日本交通安全協会が関係者にアンケートを実施したことがある。ここでも、意見は賛否両論に分かれた。保険を義務づければ、自転車の利用を支えている手軽さや経済性が損なわれてしまうというのが、義務づけに反対する側の主な意見であった。

自転車が今もなお、「軽」車両として扱われていることが、ここでも議論を後ろ向きにしている感が否めない。自転車は、原付の制限速度をはるかに上回る速度で車道を走ることもできる〝歴《れつき》とした車両〟だという正しい認識が広まらないかぎり、自転車は、車両と歩行者の中間という曖昧な立場に押し込められ、増加する事故の解決を難しくしている現状は変わらないであろう。

まずは、「危険な乗り物」と認識することから

何より肝心なのは、いうまでもないことだが、運転者の一人ひとりが、保険を使わなくても済むような運転を心がけることである。そのためには、「自転車はあらゆる乗り物の中で最も危険だ」という認識を強く持つことであろう。

自動車においては、その「存在自体が危険」であることの認識が広く共有され、「安全」への対策が重ねられてきた。六カ月点検、一年点検、そして車検と、これでもかと検査が義務づけられるのは、思想の中心に、「車は常に安全な状態に保たれるべきだ」という原則が存在しているからに他ならない。ボディの強化、エアバッグの進化、シートベルトの義務化、飲酒運転の厳罰化など、車の安全対策は、（まだまだ問題はあるにせよ）確かに交通事故死者数の減少として実を結んでいる。オートバイも同

様で、ヘルメット着用の義務化や危険運転への取り締まりの強化など、安全運転への指導が警察や行政によって繰りかえし行なわれてきた。

ところが、自転車はといえば、ブレーキやタイヤが磨り減っていようが、ライトが壊れていようが、ヘルメットをかぶらなかろうが、すべてが自己責任であるし、それが実際には道路交通法違反であっても、警察官に注意されることはめったにない。

夜、自転車に乗っていると、突然、警察官に声をかけられることがあるが、これも、無灯火や交通違反をとがめるというよりは、盗難自転車に乗っていないかというような保安上の目的の呼び止めであることがほとんどだ。

もちろん、自転車による重大事故の多発を前にして、警察もまったく無関心というわけにはいかなくなった。

二〇一一年一〇月一八日の朝、東京のJR中野《なかの》駅付近で警察官一〇人によって行なわれた取り締まりは、その日の夜のNHK「ニュースウォッチ9」のトップ項目でも取り上げられた。一時間あまりの間に、信号無視で六人、ブレーキ不備のピスト自転車走行で一人が検挙されたこと、イヤフォンの装着走行で九人が警告を受けたこと、警視庁は今後も東京都内で取り締まりを強化する方針であることが伝えられた。そのニュースに対するツイートを見ると、もっと取り締まるべきだという賛意の声で満ちており、日ごろから自転車の暴走ぶりに苦い思いを抱いている人たちが溜飲《りゅういん》を下げている様子が伝わってくる。

ただし、こうした動きが、現状の危険な道路の状態を放置したまま、〝見せしめ〟として取り締まることだけで終わるならば、根本的な問題の解決にはならない。

自転車利用者はマナーが悪い？

ツイッター上の賛意を目の当たりにするまでもなく、このところ自転車の取材を進めていると、必ずといってよいほど、「本当に自転車に乗る人のマナーは悪いですからねぇ」と同意を求められることが多い。

では、自動車の運転者や歩行者のマナーがそれに比べてよいのかといえば、日々自転車のサドルの上から両者の動きをつぶさに見ている私にはそうは思えない。

信号が黄色から赤に変わってからも、なんとか突っ切ろうと猛スピードで交差点を渡ろうとする車、駐停車禁止エリアで路上駐車をしている上に、後方から自転車が近づいているのを確認しないで、運転席のドアを開けようとするドライバー、車道脇を自転車で走っていると、すぐ前の車がウインカーも出さず、突然左折しようとして、ぶつかりそうになった経験は数知れない。まして、自動車の運転者は、免許制度のない自転車の利用者とは違い、道路交通法をきちんと勉強し、学科試験に合格して免許を取得した人ばかりである。その上で、危険な運転をしているとしたら、確信犯であるぶん、性質《たち》が悪いという見方もできる。

歩行者は歩行者で、携帯電話ばかり見ていて、まったく周囲に気を配らずに、堂々と赤信号を渡る姿に幾度となく出会うし、自転車レーンをまったく悪びれずに歩く集団に行きあうと、本当にがっかりする。

マナーの悪い人の「出現率」は、実は、車の運転手であろうと、歩行者であろうと、そうは変わらないのではないかというのが、私の経験上による結論である。自転車に乗っている人も、次の瞬間には歩行者になっていたり、別の日には車に乗ったりしているわけだから、同じ人が自転車に乗っているときだけ、マナーが悪くなっているとは思えない。

ただ、道路交通法違反をしていても、自動車ほど警察から取り締まられないこと、歩行者のマナー違反に比べ、加害者として致命的な事故を引き起こしかねないために、より見られる目が厳しいということにすぎない。

であれば、車と同様に、自転車も法規・マナーを守りましょうという精神論ではなく、規則の徹底とその厳しい運用で、誰もがルールを遵守《じゅんしゅ》する社会を作るほかない。

徹底した法令遵守も

自転車のマナーの議論になると、自転車にも車のような運転免許制度を導入すべきだという意見が聞かれる。しかし、就学前の幼児から高齢者まで幅の広い人たちを対象にして、新たに自動車とは別の制度を導入することは容易ではない。それに、免許があっても、危険運転をするドライバーが後を絶たない状況をみると、免許制度も決して万能薬ではない。

ただ最近では、春日井《かすがい》工業高校（愛知県）や加茂《かも》高校（岐阜県）など、東海地方のいくつかの高校で、自転車通学者を対象に、実技と学科試験を課し、独自の〝免許〟を付与することで、意識の向上に役立てているところもある。そうした取り組みは有用であろう。

免許制のよし悪しはともかく、無灯火や二人乗りなど、これまでなんとなく目こぼしをしてきた違反運転に対しても、ルールを告知する機会を増やした上で反則金を科すなどの施策を取らざるをえない時期に来ている。飲酒運転を減らすために、マナーに訴えるのではなく、厳罰に処することでしか、成果を上げられなかったのと同じである。

自動車の免許更新の際に、自転車についてもきちんと講習をするだけでなく、自動車の免許を持っていない人への教育や講習の機会を増やしていかなければならない。事故の危険についても、実例を引きながら、乗り手に伝える必要がある。そして、道路交通法に明らかに違反しているケースには、免許制度がないから「減点」はなくとも、きっちり反則金を科すようにするべきであろう。厳罰社会、監視社会は、息苦しい社会であり、個人的にはその方向へ社会が向かうのは望ましいと思わないが、こと人命がかかっているとすれば、他に方策がない以上、やむをえないだろう。

また、親が子どもに自転車を買い与える際に、これまでは、「車にぶつからないよう気をつけて運転しましょうね」といっていれば済んでいたのだが、その意識も変えなくてはならないだろう。「あなたは、すぐにも凶器に変わりうる乗り物に自分の責任で乗ることになります。歩道では徐行して細心の注意を払い、歩行者のことを常に頭の中に入れて運転しなさい」といわなければならない。それが、我が子が事故を起こしてしまった私が学んだ大きな教訓である。

コミュニケーションの重要性

毎日通勤で一時間二〇分ほど自転車に乗っていながら、日々不思議に思うことのひとつに、同じ自転車の利用者や車のドライバー、歩行者と、まったく心を通わせる場面がない、ということがある。

車の運転では、狭い道で進路を譲ったり、合流路で車線に入れてもらったときなどは、手を挙げたり、ハザードランプを点滅させたりして、相手に感謝の意を伝えることは珍しくない。トンネルを出た後もライトをつけっ放しだったり、この先でスピード違反の取り締まりをしていることを知らせるため、〝親切〟にパッシングをしてくれたりするドライバーも少なくない。運転者同士のある種の「連帯感」がそこには垣《かい》間《ま》見える。また歩行者に横断歩道で道を譲ると、丁寧に頭を下げられ、こちらも頭を下げるというような、歩行者とのコミュニケーションも日常茶飯事である。

ところが、なぜか自転車同士ではそういった局面に出くわさないし、歩行者とも車のドライバーとも笑顔を交わすことすらない。

自転車が特殊な乗り物だというわけではないだろう。郊外のサイクリングロードですれ違えば、知らない同士声をかけることは珍しくないし、夏の北海道のようにサイクリストが行き交う場面では、手を挙げて励ましあいのサインを送る。

いや、私は別に挨拶《あいさつ》を奨励したいわけではない。オランダや北欧を旅すると、自転車が駐車車両を避けて後続の車の前に出るときや、流れに乗った自転車が右左折するときなどは、きちんとハンドサインを出して、周囲に自分の動きを告げている光景によく出会う。自動車が方向指示器を出すことを法律で義務づけられているのはよく知られているが、この道路交通法第五十三条は、実は自転車も含まれていることは、あまり知られていない。念のために条文を読んでみよう。

第五十三条
車両（自転車以外の軽車両を除く。）の運転者は、左折し、右折し、転回し、徐行し、停止し、後退し、又は同一方向に進行しながら進路を変えるときは、手、方向指示器又は灯火により合図をし、かつ、これらの行為が終わるまで当該合図を継続しなければならない。

そう、自転車は、方向指示器や灯火はないから、「手」で合図をせよ、とこの条文には明確に記されているのである。私もすべての右左折で合図をしているわけではないが、後ろに車がいて、曲がったり、停車したりするときに、後続の車両を驚かせたり、ブレーキを掛けさせる可能性がある場合は、手を横や斜め下に出して、相手に知らせるようにしている。しかし、日本ではあまり一般的ではないせいか、相手にその意図があまり伝わっていないと感じることが多い（私自身は、自転車にもオートバイのような方向指示器があったほうが進路を他者に伝える上で好都合だと思っている。片手運転をしなくて済むぶん、安全性も高まるからだ）。

この合図が法律どおり実行されれば、事故の減少にもつながることは疑いないであろう。徐行や右左折などをあらかじめ周囲に知らせることで、自動車や歩行者は自転車の存在に注意を払ってくれるし、自転車の利用者自身も、突然思いついて、周囲をびっくりさせるような曲がり方は控えるようになるはずだからである。何よりも、「他者のことを考えて走る」という意識が養われると思う。

そして、こうした合図も含めた、他車両や歩行者へのコミュニケーションがもう少し認知されてくれれば、自転車への厳しいまなざしも少しは和《やわ》らぐのではないかとも思う。

道路は自分だけのものではない。共有し、譲りあって利用することで、通行が可能になっている。であれば、自分の殻に閉じこもるのではなく、周囲と積極的にコンタクトを取っていくことこそが円滑《えんかつ》な通行につながっていくだろう。東京でも時おり、颯爽《さっそう》と駆けていくロードバイクがごく自然にハンドサインを出して曲がっていくのを見かけることがある。私は照れがあるのか自分でもぎこちないと思うが、慣れていきたいと思うし、やむなく歩道を走る場合も、声をかけたり、アイコンタクトで進路を譲る習慣が広がればと願う。

自転車で合図というと、ちりんちりんと鳴らすベルがまず思い浮かぶ。実際、歩道でむやみやたらにベルを鳴らしつづけながら、通行する自転車をよく見かける。しかし本来は、歩道では徐行し、歩行者の妨《さまた》げにならないよう走ることが義務づけられている自転車が、後ろからベルを鳴らしつづけることはありえない。私も歩行者の立場でベルを鳴らされるのは好まないので、人に鳴らすことは絶対にしない（ただし、自転車には法律でベルの設置が義務づけられている。自身の危険を回避するときに、車などにアピールするため鳴らすのが本来の目的である）。ベルではなく、ハンドサインや声かけなどが日常の風景になれば、自転車の位置づけはもう少し変わってくるのではないかと思う。

第五章　自転車社会の先進事例

北ヨーロッパの自転車先進国

自転車について書かれた本、とくに都市政策の視点で書かれた書物には、必ず先進事例として、海外の自転車事情がかなり詳しく書かれている。そこで取り上げられる国のほとんどは、徹底した自転車施策が浸透しているオランダ、ドイツ、デンマーク、スウェーデンなど、主にゲルマン系の北部ヨーロッパの国々である。

なかでも、世界最先端の自転車王国として、オランダは欠かせない「視察地」となっている。私も二〇〇五年に、ロッテルダム、ユトレヒトなどの主要都市を、また二〇一〇年には最大の都市アムステルダムの中心地を駆け足ながら訪れている。中心部の道路には、車道と歩道の間に自転車専用レーンが敷かれ、交差点に立つと、四方から間断《かんだん》なく自転車がやってきて、その多さと、それでいて整然と自転車が快走するさまに圧倒される。「絵」になるその光景は、もちろん、そうなった背景も含めて、メディアで紹介される機会も多いし、書物や報告書などでの記述も多い。進んだ自転車政策の背景には、都市域に流入する自動車を極力減らし、移動手段の一部を自転車に担わせ、車に支配されてしまった市街地に人が憩《いこ》う場を取り戻そうとする都市の人間回帰と、地球温暖化を少しでも食いとめようとする壮大な構想がある。

　しかし、そのようにすばらしい理想を行政と市民の力で実現できるのは、成熟したヨーロッパの市民意識や行政手腕があってこその話で、「そのまま、明日から日本にも導入しましょう」とはなりそうもない。日本各地からこうした先進地（オランダ以外にも、ドイツのミュンスターやフライブルク、アメリカのオレゴン州ポートランドなどがある）を視察団が訪れても、いっこうに日本でそれが実現しないのを見ると、なんだか視察のための視察に終わっているような気さえする。

　一方で、世界でも自転車の普及が最も進んでいる国のひとつとされる我が日本に、海外から自転車の先進事例として見学者が来ているかというと、寡聞《かぶん》にしてそういう話はほとんど聞いたことがない。

　このあと述べるように韓国でも、自転車を交通・環境対策の切り札として積極的に導入しようとしているが、その際の報告書を読むと、先進事例として引用されているのは、イギリス、ベルギー、フランス、アラブ首長国連邦の四カ国であった。すぐ隣の国なのに、日本のことは一行も触れられていない。自転車の保有率は高いのに、先進事例と認められないのは、いまだに都市交通体系において自転車の位置づけが明確に定まっておらず、インパクトのある発信がなされていないからだろう。

この章では、こうした問題の背景を語るために、北部ヨーロッパとは違った地域の自転車政策を取り上げたい。私が注目しているのは、フランスと韓国の取り組みである。どちらも、二〇年ほど前には、街なかで自転車はほとんど走っていなかった。

フランスは、世界最大の自転車のロードレース「ツール・ド・フランス」が毎年注目を浴びるように、自転車競技の面では世界の最先進国のひとつだが、市民が市内で気軽に自転車に乗っているかというと、決してそんな国ではなかった。とくにパリっ子は、車とメトロ（地下鉄）は好きだが、自転車は「おしゃれ」感覚からずれていたからか、まったくといってよいほど街で自転車を見ることはなかった。

韓国も同様だ。同じ東アジアの国、中国でほんの少し前まで、市街地が大量の自転車でにぎわっていたのとは違い、いまだ儒教の考えが根強く、自転車は身分の低い人の乗り物という意識が強いため、一般の大人、とくにホワイトカラーが利用するものだとは考えられていなかった。

しかしながら、ここ数年で両国の事情は一変。今や、この二つの国の自転車政策からは目が離せなくなった。その実情の一部を報告したい。

パリの新名物「ヴェリブ」

二〇一一年六月、私は、平泉《ひらいずみ》や小笠原《おがさわら》諸島など日本の三物件を含む世界遺産登録の可否を審議する第三五回ユネスコ世界遺産委員会に参加するため、フランスのパリを訪れた。ユネスコ本部は、セーヌ川の南側、エッフェル塔や、ナポレオンの墓所のあることで知られるアンヴァリッド（廃兵院《はいへいいん》）といった有名観光地にほど近い場所にある。

しかし泊まったホテルは、セーヌ川の北、モンマルトルの丘の麓《ふもと》にある世界的に有名なキャバレー、ムーラン・ルージュの近くにあり、ユネスコ本部までは、地下鉄を一回ないしは二回乗り換えなくてはならず、時間がかかる。そこで私は、かねてから乗ってみたかった、パリ名物「ヴェリブ」（Velib'）で〝自転車通勤〟することにした。

ヴェリブとは、パリ市が運営する世界最大の自転車の無人貸し出しシステムの愛称である。二〇〇一年にパリ市長となったベルトラン・ドラノエは、慢性的な道路渋滞に悩むパリ市の自動車交通量を二〇二〇年までに四〇パーセント削減するため、トラム（路面電車）の新設やバス・タクシーレーンの設置など大胆な政策を提唱、その政策のひとつとして、これまでに世界で前例のない、大都市全域で共通のコミュニティサイクルを導入するという思いきった提案を行なった。

二〇〇七年、パリ市中心部にほぼ三〇〇メートルおきに無人のレンタサイクル・ステーションを設置、登録者は好きなところから好きなときに自転車を借り、好きなところで返却するというシステムがスタートした。

泊まったホテルのすぐ近くの地下鉄ブランシュ駅の真上に、最寄りのヴェリブのステーションを見つけた。【写真23】屋根のない、道路の中央緑地帯に、二〇台ほどの貸し自転車が停められており、登録や貸し出しのための端末「ボルヌ」が立っている。【写真24】登録は住民向けに年単位でもできるが、旅行者も利用できるよう、一日単位の登録も受けつけている。私も早速、ボルヌに向かって登録証の発行手続きを取りはじめた。フランス語の他に英語とスペイン語の案内から選べるので、英語に切り替え、登録証の種類を選ぶため案内表示に従ってボタンを押していく。

ところが、クレジットカード番号の確認のところで、なぜか表示がフランス語に変わり、もたもたしているうちに、初期画面に戻ってしまった。そんなことを三度ほど繰り返して、ちょっとイライラしはじめたときに、ひとりの紳士が自転車をこのステーションに返却に来た。これ幸いと、登録の仕方を詳しく聞いて、ようやく一枚の登録証を手に入れることができた。【写真25】

登録料は一日券の場合一・八ユーロ（当時のレートでおよそ二〇〇円）である。他に保証金が一五〇ユーロかかるが、自転車を返却すれば課金されない。

さて、借りようとして、いきなり問題発生。このステーションでは、何と自転車が全部出払っていて、自転車を借りることができないのだ。今しがた返却に来て私に親切に教えてくれた紳士は、二、三分の間隔を置いて、同じ自転車をまた使うのだという。どういうことかといえば、ヴェリブは、三〇分以内の利用なら無料のため、遠くまで乗る場合も、三〇分以内で借り替えていけば、使用料はずっと無料で済むわけである。利用者の間では、「返却しては、また借りて」という使い方が定着しているという。

こういうとき、端末のボルヌには便利な機能があって、近くにある別のステーションを画面上で探索することもできる。【写真26】

その機能を試そうとしていたら、天の助けか、一台の自転車が目の前で返却された。今度の利用者は一時返却ではなく、荷物を持って去っていった。早速登録したばかりのカードを使って、実際に自転車を借り出す。登録証に書かれた番号を打ち込むと、利用可能な自転車の番号が表示され、その番号ボタンを選んで押すと、その自転車の鍵が自動的にはずれ、利用できるようになる。こうして、パリジャンの力を借りたものの、無事、ヴェリブを借りることができた。走る前から、ひと仕事やり終えたような感じだった。【写真27】

ヴェリブでパリの道路を走ってみる

さて、ヴェリブの自転車は、すべて同じ大きさ、同じ種類。写真のように、ひと言

【写真23】パリ市内の緑地帯の一角、街に溶け込むようにしてヴェリブのステーションがある

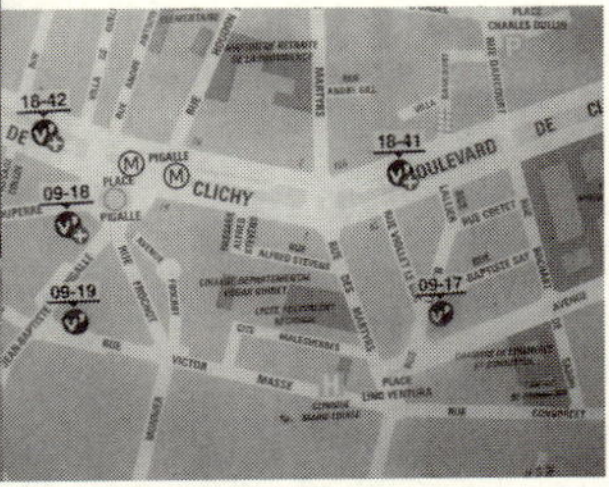

【写真26】ボルヌを見ると、ヴェリブを借り出すところが近くにたくさんあることがわかった

【写真24】ヴェリブのインターフェイス「ボルヌ」。この画面で様々な手続きがすべてできる

【写真25】登録カード

【写真28】筆者が借りたヴェリブ。リュックを前カゴに入れて走り出す

【写真27】今からちょうど借りようとする人

でいえば日本のママチャリに近い。【写真28】フランスの若手著名デザイナー、パトリック・ジュアンのデザインだが、自転車そのものは、乱暴に扱っても壊れないよう、また盗難に遭いにくいよう、二二キログラムとかなり重くなっている。ハンドルがいかにもママチャリ風で、ママチャリもどきの自転車に東京で乗っている私にとっても、最初は乗りにくいと感じるほどの武骨な乗り心地であった。

借りてすぐは、緑地帯の中に設けられた自転車専用レーン【写真29】を走るので、いやぁ快適と鼻歌まじりだったが、すぐにそのレーンは終わり、サインに従って走ると車道に導かれる。専用レーンのないところは、車道を走ることになっているためである。緩やかな下り坂を下りきると、パリのターミナル駅のひとつ、サン・ラザール駅の立派な駅舎が右手に現れた。

ここからは、バスレーンを走ることになる。すべての道路に自転車専用レーンを作れないため、パリに限らず、ヨーロッパの多くの都市では、バスレーンを自転車の走行レーンとして位置づけている。とはいえ、そのレーンはバスが一台通ればギリギリという幅しかなく、バスが後ろから来ないかとひやひやしながらの走行となるし、実際、バスはすぐにやってきた。自転車を右端に寄せ、バスをやり過ごす。自転車利用者は、自身の前後にもいるが、間断《かんだん》なく利用者でぎっしりという感じではない。また、当然だが、自転車利用者のすべてがヴェリブに乗っているわけではなく、私の見たところ、ヴェリブを使っている人は半分弱。それ以外は、おそらく個人所有の自転車に乗っているのであろう。とはいえ、通る自転車の半分近くがヴェリブの自転車というのは、いかにヴェリブの利用者が多いかをうかがわせる。【写真30】

ナポレオンの造営で知られるマドレーヌ寺院からコンコルド広場へ出て、いよいよセーヌ川を渡る。このあたりも自転車専用レーンはなく、バスと併走である。コンコルド橋を渡り、左前方にアンヴァリッド、正面にエッフェル塔、右手にグラン・パレを見ながら、セーヌの左岸を気持ちよく走る。ユネスコ本部が近づき、ヴェリブ・ステーションを発見。ここで自転

【写真29】パリ市内の自転車専用レーン。ここでは、緑地帯の中を走るようになっていた

車を返却する。自転車が重いせいもあり、カチリと施錠《せじょう》するまで、また手間取ってしまった。無料の時間内で返せると思っていたのに、途中に観光地が目白押しで、つい見入ってしまったこともあり、出発から三〇分を超過してしまい、三一分から六〇分までの利用料一ユーロを払う羽目《はめ》になった（登録した際のクレジットカードから自動的に引き落とされる）。

ちなみに、三〇〇メートルおきというのは、探すにはそれほど手間取らないくらいの密度であるといえる。今回のパリ滞在の四日間、気をつけてヴェリブ・ステーションを探すようにしていたが、シャンゼリゼでも、セーヌ河岸の観光地でも、注意して見渡すと、場所をプロットした地図を持っていなくても、目にすることができた。【写真31】

帰りは、途中まで同行者がいたので、地下鉄を使ってホテルに戻ったが、パリのレンタサイクルの仕

【写真30】パリの街中を走るヴェリブ利用者。かなりの割合でヴェリブが利用されているのを見ることができる

組みの一端は体験することができた。その後も滞在中、道路を走行する自転車や自転車専用レーン、ヴェリブのターミナルの様子などをできるだけ観察し、パリの自転車利用の実態をつぶさに見ることができた。

【写真31】ヴェリブ・ステーションは、パリ市内を歩いているとすぐに見つかる

明確な視点、徹底した姿勢

ほんの二〇年ほど前まで、都市内移動手段としての自転車がほとんど存在しなかったパリで、相当数の自転車移動が見られるようになったことは、ヴェリブの大きな成果であろう。駐輪ステーションは一八〇〇カ所、用意された自転車は二万台、開始後一年間の延べ利用者は二七五〇万人、年間登録者数二〇万人という数字は、ヴェリブがパリにいかに大きなインパクトを与えたかを如実に物語っている。また、自転車専用道の整備も進み、導入前は市内全体で八キロほどしかな

かったのが、今では六〇〇キロにまで増加している。

もちろん、コミュニティサイクルとしてのヴェリブにはまだまだ多くの課題がある。借りようとする際に自転車が出払っていれば借りられないいし、逆に返そうとするステーションが満杯であれば、そこで返すことはできない。聞けば、故障や盗難も多いそうだし、自転車の配置のアンバランスを是正するために、管理側は自転車のバランスが取れるよう、常時利用状況をチェックし、自転車が不足しているステーションに、満杯のステーションから自転車を移動させるというようなフォローも行なっている。故障車の修理や盗難車の補充なども含めれば、維持管理のコストは相当な額に上るだろう。

ただ、私が強い関心を持っているのは、レンタサイクルのシステムそのものではないし、日本国内のあちらこちらで、ヴェリブのようなシステムを導入すべきだと思っているわけでもない。参考になるのは、北ヨーロッパほど自転車利用の国民的（市民的）コンセンサスが得られていなかった国や都市で、どうやってその利用者に便利で安全なシステムを提供していくのかという視点である。

いきなりすべての道路に自転車専用レーンを設置するやり方は現実離れしていることと、すべての人がロードバイクやクロスバイクに乗って颯爽《さっそう》と高速で走るというわけではないことなど、日本の都市との共通性の多いパリにおいて、自転車に市民権を賦《ふ》与《よ》しようとする試みは、オランダやデンマークの取り組みよりは、参考にしやすいのではないかと考えているからである。

自転車を大量に投入することで、自動車の都心流入を抑制しようとするパリ市の施策には、具体的に学ぶべき点も多い。

そのひとつは、バスレーンを使ってでも、自転車を歩道には入れないという徹底した姿勢である。今回の訪問でも、横断歩道を横切るときは別として、自転車が歩行者と同じ空間を共有する局面には、一度も出会わなかった。

とはいえ、バスレーンを使った走行とは、大型車両であるバスの横を走るということであるから、不安を感じる人も多いだろう。しかし、一般の自動車の脇を走るよりは、実はずっと安全であるというのが定説であるし、私自身もそう思う。

まずバスは、運転席の位置が高いため、ドライバーが自転車を認識しやすいというメリットがある。また、バスの運転手は、運転のプロであり、大方の場合、無謀《むぼう》な運転はしないと考えられる点も大きい。もちろん、これは先進国に限った話で、途上国で乗ったバスで何度もヒヤヒヤする目に遭っていることも確かだが、その点、日本の路線バスの運転手は、概してパリのバス以上にスピードは控えめだし、安全運転に徹しているといえるだろう。

ただし、日本のバスレーンは、取り締まりが徹底されておらず、横着なマイカーが結構走っているので、そちらの解決がまず先であろうが。

また、実際にパリの街を、ムーラン・ルージュからユネスコ本部まで走ってみて感じたことだが、途中、レーンが緑地帯を通ったり、交差点では車と並走する形になったりするにせよ、はじめての道ながら、目的地まで段差もなく、スムーズに自転車で走ることのできるルートが確保されていることも重要である。

日本の場合、道路の構造上、自転車でどこを走ったらいいのか、まったく考慮されていないところに何度も行き合い、途方《とほう》に暮れてしまうことが多い。やむなく歩道に入らざるをえないこともあるし、その際には、数センチの段差に気をつけないと、転ぶ可能性すらある。

ヴェリブから学ぶこと

パリの街のつくりは、東京に似ている点が少なくない。まず、碁盤《ごばん》の目のような規則正しいまっすぐな道路はほとんどなく、曲がりくねったり、いつの間にか別の方向に向かったりという道路が多いという共通点がある。

地下鉄と、都心を地下で貫通して郊外へ向かう鉄道網（パリではＲＥＲ《エルウーエル》＝地域急行鉄道網、東京では地下鉄と私鉄・ＪＲとの相互乗り入れで実施）、そして、それらを補完するバスが都市交通を担い、路面電車がほとんどない（東京は都電荒川《あらかわ》線と東急世田谷線のみ。パリは、最近新設され、現在三路線に延伸）という類似点もある。

さらに、どちらも自動車による道路の渋滞が慢性化している点もよく似ている。こうした中で、自動車の流入を防ぐ方針を明確に定め、自転車へのシフトを促《うなが》すために、コミュニティサイクルという手段を導入したところに、パリ市のユニークさがある。

ちなみに、フランスの自転車の保有率は人口ひとり当たり、〇・三九台で、日本の〇・六八と比べると半分強にすぎず、そこにレンタサイクルの入る余地が生まれたが、日本の場合は、もともと保有率が高いため、レンタサイクルの導入もさることながら、今所有する自転車を都市内移動に活用してもらう施策を考えるべきであろう。そういう意味では、自転車そのものから用意しなければならなかったフランスよりは、条件はよいと考えてよいが、その逆に、すでに歩道を走るのが当然と思われているママチャリの普及率が高いことで、かえって施策の推進の障害になっている一面もある。

ヴェリブの狙いについて、ヴェリブを体験したパリ在住の日本人、料理ジャーナリストの伊藤文《いとうあや》さんは、著書『パリを自転車で走ろう』の前書きで、「実際には、この〝ヴェリブ〟に手が伸びるまでに時間がかかった。というのも日本とは違って、自動車と同じ交通法規を守らなくてはならないし、歩行者道路ではなく車道を走らなくてはならない。大きなバスと隣り合わせに走るのは、とても危険に思えた。しかし、最近は、道路も整備され、自転車道もかなり増えてきたし、ステーションもぐっと増えた。ヴェリブの認知度が高くなって、自動車や歩行者も注意を払うようになった」と書いている。

ここに、まさにヴェリブの果たす役割が言い当てられているように思える。車の運転者や歩行者に自転車の存在をきちんと知らせることが重要だし、そうした意識の変化は、自転車の役割や位置づけを認知させることにつながるからだ。

日本でも車道通行の自転車が比較的多い東京では、国内の他の都市に比べると、自動車の運転者から見て、「自転車が車道を走る」ことへの認識や理解は広まっているように感じる。ルールに則《のっと》って車道を走る自転車はそれほど危険ではないということを知り、まさに車道を走っている自転車に、車の運転者が「慣れて」きているからであろう。

また、このコミュニティサイクルが、スポーツ車ではなく、ママチャリに近いシティ車であることは示唆《しさ》的だ。シティ車なら、日本のほうがはるかに先進国である。つまり自転車には、高速と低速の二種類があることが、コミュニティサイクルを通して、ヨーロッパの地にもあらためて定着しようとしている。

いずれにしても、目的は何かを明確に定めること、単に健康によいからとか、災害に強いからというようなことで、個人の自発的な切り替えに任せたり、他の施策から切り離して、自転車だけの施策を進めたりということでは、自転車を正しく都市交通体系の中に位置づけることは難しい。

なおパリ市では、二〇一一年一二月から、コミュニティサイクルならぬ〝コミュニティ電気自動車〟を本格的に運用することになっている。「ヴェリブ」にならって、その名も「オートリブ」。仕組みは、ヴェリブによく似ていて、市内のあちこちに置かれたステーションの電気自動車を、登録者は自由に借り出して使うことができるというもので、タクシーやマイカーの隙間を埋める交通手段として期待されているという。ヴェリブと住み分けができるのか、それとも競合するのか、そのあたりも含めて、パリ市が次々と打ち出す大胆な交通政策からは目を離せない。

自転車社会への転換をめざす韓国

自転車になじみのない人々を、サイクリング愛好者へと誘導する、そんな壮大な実験を始めた国がもうひとつある。お隣の韓国だ。私は迂闊《うかつ》にも、これまで七度も韓国を訪れていながら、そのあたりのことに疎《うと》かった。

二〇一一年春、私は、ソウル市の近郊にここ二年ほどで登録された世界遺産を訪れるため、七年ぶりに韓国に飛んだ。日曜日の朝、ソウルの東隣、九里《クリ》市にある東九陵《トングルン》という李氏《りし》朝鮮の王墓（二〇〇九年、世界遺産に登録）に向かうため、地下鉄二号線の先頭車両に乗ったところ、自転車をそのまま乗せて固定するスペースが設けられ、実際に何台かの自転車が搭載されている光景に行き合った【写真32】

【写真32】ソウル地下鉄2号線。先頭車両にある自転車専用置場

オランダやベルギー、北欧諸国では珍しくない光景だが、ここは韓国、我が目を疑った。韓国が二〇〇八年秋から自転車の推進に大きく舵《かじ》を切りはじめたことは、情報としてはうっすら知っていたが、地下鉄に自転車をそのまま乗せるところにまで至っているとは知らず、正直驚いた。

一九八四年にはじめて訪れて以来、韓国へはたびたび足を踏み入れているが、これまではほとんどといってよいほど自転車を見かけない国であった。国民ひとり当たりの自転車保有率は、古い数字だが一九九六年で〇・一四。日本の五分の一ほどと確かに少ない。しかもその多くは子ども用か業務用で、成人男性、とくにホワイトカラーが自転車に乗るということはまず考えられない国であった。

しかも、韓国を訪れた日本人が異口同音《いくどうおん》に「車の運転が荒い！」と驚くように、自転車で走るにはとても危険な印象がある国である。実際、人口一〇万人あたりの交通事故死者数は、二〇〇九年で一二・〇人と、日本の四・五人の二倍以上もあり、諸外国の中でも際立《きわだ》って高い。

ところが、二〇〇七年、わずか八カ月の間に一バレル五五ドルの原油が九〇ドルと二倍近くに値上がりしたのをきっかけに、ソウル市は翌年、「ソウル市自転車利用活性化総合計画」を打ち出し、当時、市内交通のわずか一・六パーセントしか担っていなかった自転車の分担率を二〇二〇年には一〇パーセントに引き上げるという思い切った自転車導入策を発表した。幹線道路の一車線を削減し、自転車専用レーンを設置、三年間で二〇七キロに及ぶ自転車道を張り巡らせようという壮大な計画である。これを具体化するために、二〇一〇年六月には、「国家自転車道路建設計画」を策定、実現に向けて動きはじめている。

この計画を策定するにあたり、ソウル市では市民一〇〇〇人にアンケート調査を行なっている。このときのアンケートでは、自転車の保有の有無も尋《たず》ねているが、持っていると答えた人は、七二パーセントとかなり高い。ただし、利用頻度は月に一回かそれ以下が三分の一と最も高く、週に二、三回以上乗っている人が三〇パーセント程度とあまり利用されていない実態が浮かび上がった。

この未利用の自転車の利活用を推進するだけでなく、ほとんど育っていない韓国内の自転車産業の振興も視野に入れて、自転車の保有台数を増やした上で、郊外から市内に向かう幹線道路だけではなく、ソウル市内を東西に貫く漢江《ハンガン》沿いや市中心部の主要道路でも、片道三車線の道路は二車線に、二車線の道路は一車線に減らし、自転車専用レーンに振り替えるという計画を打ち上げ、実際に実行に移しはじめている。

それだけではなく、パリのヴェリブのようなコミュニティサイクルを導入し、パンク修理などに無料で対応する整備センターや通勤用のシャワー施設を地下鉄各駅の周辺に設置しているらしいという情報を聞き、その網羅《もうら》的な政策と驚異的な実行スピードを、ぜひもう一度現地できちんと確かめたいという思いが強まった。

電車に自転車を持ち込める

一一年春のソウル訪問では、目的が別にあったために、自転車施策については、偶然地下鉄に自転車用のスペースがあるのを見かけた以外、具体的な取材はほとんどできなかったので、半年後の一一年九月、今度は韓国の自転車の最新事情を肌で感じるために、再びソウルを訪れた。

自転車を地下鉄に乗せられるということは、駅にも自転車のためのさまざまな設備があるはずである。二日間で市内の地下鉄とバスに四〇回まで自由に乗ることのできるパスを購入し、地下鉄に乗ってみた。すべての駅ではないが、主要駅では、地下鉄の出入口に自転車のマークが張り出され、階段に自転車を押して昇降するスロープがつけられていた。【写真33】【写真34】改札口も自転車が通れるよう、車いすなどとも兼用の幅の広い通路がある。【写真35】また、郊外の駅では、区営の駐輪場が設置されているところも多い。さらに、六号線の花郎台《ファランデ》駅には、自転車利用者専用のロッカーもあった。【写真36】【写真37】オランダや北欧のように、次々と自転車利用者が電車のホームにやってくるというところまではいっていないが、それでも駅の構内で自転車とともに歩く人の姿を何度も見た。

確認すると、現在、ソウル市内を走る鉄道一二路線のすべての路線で、自転車が持ち込めるようになっている。ただし、鉄道会社（ソウルの地下鉄三社と韓国鉄道公社）により、通勤時間帯を除いて、全日の持ち込みが可能な路線と、日曜・祝日のみ持ち込み可能な路線、折り畳み式自転車に限って可能な路線など、可能な曜日や車種が異なっており、自転車を持ち込んで地下鉄を乗り換える場合、正確な情報を持っていないと、次の路線には持ち込めないということも生じているようだ。ただ、どの路線も平日の通勤時間帯の持ち込みは禁止されており、原則として、通勤のための自転車ではなく、郊外でのレジャー・スポーツ用、あるいは、郊外から持ち込んだ自転車で都心を走るというような利用のための施策であると考えられる。

【写真33】ソウル地下鉄駅へと下りる階段には、自転車を押して階段を昇降できるよう、専用のスロープが設けられている

【写真34】駅構内には、自転車の誘導表示がいたるところに

【写真35】ベビーカー、車いす用改札口にも、自転車のマークが加えられていた

【写真36】花郎台駅で見かけた自転車利用者用のロッカー

【写真37】自転車利用者用ロッカーの案内

【写真38】アメリカ・シアトルの路線バス。乗客が持ち込む自転車を取りつけるキャリアがある（2011年8月撮影）

日本では、鉄道に関していえば、群馬県の上毛《じょうもう》電鉄など地方の私鉄の一部で自転車をそのまま持ち込める路線があるが、大都市圏で恒常的に持ち込めるようにした例はない。また海外では、バスの車体前部にキャリアを用意し、そこに乗客の自転車を搭載するという方法が広く行なわれている。【写真38】日本でも、神奈川県のバス会社の一部の路線で、この方式が二〇〇九年から始まっており、二〇一一年には路線も拡充された。また、バスの車内に自転車を持ち込んでもよい路線が群馬県などにあり、二〇一一年秋からは鳥取県でも実証実験が始まっている。目的は地域によってさまざまだが、自転車が交通の一翼を担うことを広く知らしめる効果という点では、一定の役割を果たすと考えられる。

ソウル市内を走ってみて、わかったこと

　では、道路のほうはどうだろうか。自転車専用レーンの整備が進んでいるとはいえ、それは網の目のような道路のうちのほんの一部である。たとえば、観光客が多く訪れる市の中心部、明洞《ミョンドン》や南大門《ナンデムン》市場、市庁周辺を見ても、自転車専用レーンは見当たらない。韓国が自転車重視に切り替えたなどというのは夢幻のように思える。

　しかし、じっくりソウルの街を見て回ると、そのレーンが見つかる。高密度に自転車専用レーンが張り巡らされている場所のひとつは、国会議事堂や韓国放送公社（KBS）などの施設や高層ビルが高さを競う漢江《ハンガン》の中洲のビジネス街、ヨイドである。

　ヨイドの幹線道路では、いちばん歩道寄りの車線が赤く塗られて自転車専用になっている。【写真39】

　韓国らしいのは、その自転車レーンに「オートバイ通行禁止」とか、交差点で「一時停止」などと大き

【写真39】車道のいちばん左端に自転車専用レーンが設けられたソウル・ヨイドの幹線道路

く表示されていることである。そればかりか、その隣のレーンには、「自転車注意」とも大書されている。【写真40】自転車専用レーンに自動車が停まっている場合などに自転車がその車をよけるために、隣の車線にはみだすことがあるが、そういったことに対して注意を促しているのだ。ほかにも、自転車が逆走しないよう、自転車利用者向けの注意喚起の標語も大きく書かれている。【写真41】ここまで徹底した例は日本で

【写真40】自転車専用レーンには、「一時停止横断注意」、その横の自動車のレーンには、自転車が通ることを想定して「自転車注意」と書かれている

【写真41】自転車が専用レーンを逆走しないよう、「直進禁止」と大きく書かれている

はまだ見ていない。

このヨイドで観光用の自転車をレンタルし、ママチャリで実際に道路を走ってみた。自転車専用レーンが間断なく続いているのは、パリと同様だが、交差点で赤信号のため停止していると、右折（日本でいえば左折、韓国は日本とは逆の右側通行なので）しようとするバスが自転車の存在にお構いなしに私の体すれすれに接近してきたり、一部の自転車専用レーンが日本のように歩道の中に設けられていたりするなど、危険は完全には排除されていない。

また、フル装備のサイクルウエアでロードバイクやレース用の自転車に乗るサイクリストも多い一方で、買い物や所用で歩道を走るような、日本のママチャリ的乗り方の人も見かける。このあたりの混在ぶりは日本に似ているところでもある。

ちなみに、韓国の道路交通法でも、自転車は原則として車道走行が義務づけられている。韓国の道路交通法の第一三条では、「車馬の運転者は、歩道と車両が区分された道路では車道を通行しなければならない。ただし、道路外の所を出入りする際には、歩道を横断して通行することができる」となっており、日本同様、「自転車は車両」と定義されているので、この条文が当てはまる。ただし日本と同様、自転車の通行が認められた歩道もあり、標識で明示されている。

コミュニティサイクルも導入されたが……

ソウル市では、道路の整備だけでなく、ソフト面でもパリのヴェリブのような都市型レンタサイクルが充実してきた。ヨイドには、市の直営のレンタサイクルがあり、日本のスイカやパスモのような交通カードで借りることができる。自転車はヴェリブ同様、前カゴのついたママチャリタイプ。利用者も時々見かけた。また、漢江の南の江《カン》南《ナム》地区では、瑞草《ソチョ》区が今年の七月から区営のレンタサイクルを始めた【写真42】ように、狭いエリアながら、乗り捨て自由のコミュニティサイクルを区単位で導入しはじめている。

【写真42】2011年7月、ソウル特別市瑞草区でコミュニティサイクルスタート（提供：瑞草区庁交通運輸課自転車チーム）

その瑞草区にある地下鉄舎堂《サダン》駅前に区営の自転車運営センターが【写真43】あり、そこで瑞草区庁交通運輸課の若い職員と話すことができた。彼によれば、たしかに自転車の利用者はここ数年増えているが、まだ通勤への利用がすごく増えたとまではいっていないようだ。もともと自転車の普及度や認知度が低い国なので、いくら行政が音頭を取っているとはいえ、すぐには浸透しないのだろう。ソウル市内の世界遺産「宗廟《チョンミョ》」で日本語による見学ツアーを行なうガイドさんにも確かめたが、自転車が地下鉄に乗せられるようになったことを知らなかった。ハードをまず整備し、普及を待つ。中央集権的でお上が器をまず用意するという韓国らしい施策の進め方だと思えた。

二〇一一年七月に韓国消費者院消費者安全局がまとめた調査結果によれば、直近でソウル市民に聞いたアンケートで、自転車利用の目的を聞いたところ、レジャー・スポーツが八二・八パーセント、通勤・通学が一〇パーセント、買い物が三・四パーセントで、まだまだレジャー・スポーツ利用が多く、交通手段の分担率では、日本の一四パーセントに比べ、一・二パーセントと、二〇〇八年の計画策定当初と変わっていない。

さらに、課題もある。地下鉄各駅には駐輪場が整備されてきているとはいえ、周辺の路上に駐輪している自転車も多く目についた。早晩、かつての日本のように放置自転車が社会問題化する恐れもある。ヨイドで見た、歩道上の自転車専用レーンも、自転車が増えてくれば歩行者と自転車の接触事故の増加につながりかねない。

【写真43】地下鉄舎堂駅前の瑞草区自転車運営センター。コミュニティサイクルの利用の相談に乗ったり、自転車のメンテナンスを行なったりしている

また、自転車による交通事故も増加している。自転車が関係した事故件数は、二〇〇五年の七九四〇件が、四年間で一二五三二件へと増加している。また、二〇〇五～二〇〇九年の五年間の数字を見ると、自転車と他の車（車、二輪車、自転車などすべての車両を含む）との事故が九五・七パーセントと大半を占め、対歩行者の事故は三・五パーセントだが、その一六六九件のうち、歩道通行中の事故が三七六件で、横断中の歩行者との事故や車道通行中の事故件数を上回っている。実は韓国でも自転車の歩道通行が事故を招

いているのがわかる。

さらに、自転車専用レーンでの事故の統計も二〇〇八年から継続的にデータ化されている。〇八年には事故件数二一九件、死者数ゼロだったのが、一〇年には、事故件数二七八件、死者三人と増加しており、〇九年二月にはソウル市で七三歳の男性と二八歳の女性が運転する自転車同士が衝突し男性が死亡、一〇年には、ソウル近郊の城《ソン》南《ナム》市で、四四歳と三八歳の男性が乗る自転車がぶつかり、四四歳の男性が死亡している。今後の自転車の普及は、これらの数字をさらに押し上げかねない。

他の交通手段が充実しているという都市事情

韓国は典型的な自動車中心の社会である。海外へ進出する自動車メーカーも現《ヒョン》代《デ》、起亜《キア》、韓国GM（旧大宇《デウ》）など複数あり、国土をほぼくまなく高速道路が結んでいる。

しかし、一方で実際にソウルを歩いてみると、東京以上に公共交通機関が発達していることが体感できる。九路線ある地下鉄とソウルに乗り入れる三路線を持つ韓国鉄道公社が稠密《ちゅうみつ》な鉄道ネットワークを市内外に延ばしているほか、路線バスの存在感がきわめて大きい。市の繁華街に立つと目の前の大通りを次々と、何十台ものバスが数珠つなぎになって疾走する姿に圧倒される。循環バス、郊外バス、急行バス、支線バスなど種類ごとにカラフルに色分けされたバスが朝早くから深夜まで走っており、正面と側面には目立つように大きく路線番号が表示され、始終点だけでなく主な経由地もバスの側面に明瞭に表示されている。ハングルさえ読めれば、きわめて便利な交通手段であることが見てとれる。しかも、地下鉄の初乗り運賃も、市内バスの均一運賃も、交通カードを使えば、九〇〇ウォン。二〇一一年秋のレートで、日本円でおよそ六〇円である。地下鉄とバス、あるいはバス同士の乗り換えも三〇分以内なら無料である。地下鉄と韓国鉄道公社も首都圏鉄道網として、共通の切符で乗車できる。

さらに、タクシーが街のいたるところで流しており、簡単に乗ることができる。こちらも初乗りは日本円で一五〇円程度。相乗りが一般的な習慣として定着しているため、つかまえやすい（同じ方向でないと乗せてもらえないが）。物価水準に比しても、鉄道やバス、タクシーの運賃は格安であり、今まで自転車が普及しなかった理由の一端は、この便利な公共交通機関の存在にもあったのだろうと推察できる。

この韓国が、ハード優先で自転車利用に舵を切った。その行く末は、北欧やオランダの事例よりは、共通の悩みを抱えているぶん、はるかに日本にとって身近であり、参考になるだろうと思われる。

広がるコミュニティサイクル

パリのヴェリブのような大規模な都市型レンタサイクルの仕組みは、パリでの導入と前後して、欧州の各地で見られるようになった。フランスでは、フランス第三の都市リヨン、最先端のトラムが走ることで知られるストラスブールなど一〇を超える都市で導入されているし、他の国では、ブリュッセル、ウィーン、ストックホルム、バルセロナ、ミラノなどの大都市でもすでに定着している。いずれも、パリ同様、他の自動車抑制施策とセットで行われているのが特徴だ。

自転車社会に舵を切ったばかりの韓国でも、コミュニティサイクルは浸透しつつあるが、まだまだ自動車社会からの転換を確信させるには至っていない。

そして日本でも、パリほど大規模では何にせよ、社会実験的な導入や本格導入を行なっている都市がいくつも登場している。

この本を書いている時点でもっとも新しい例は、横浜市とＮＴＴドコモが共同で二〇一一年四月から三年間の期間限定で、みなとみらい21地区や関内《かんない》、中華街など横浜の中心部で行なっている社会実験、「ベイバイク」である。駐輪場は一九カ所（のちに追加され、増えている）。登録料（ＩＣカード一〇五〇円、おサイフケータイ三一五円）を払った上で、月額会員か一回利用かを選択、最初の三〇分が無料なのは、ヴェリブとまったく同じ料金体系である。私も登録してＩＣカードを持ち、時々利用しているが、真っ赤な小型の自転車は結構乗りやすい。【写真44】

【写真44】赤く塗られ、デザインもかわいい横浜市のベイバイク

ただ、残念なのはあくまでも三年間の期間限定であること、規模も小さいこと、また他の公共交通機関の整備や自動車の流入抑制といった施策が同時に行なわ

れているわけではないことである。今以上の工夫を重ねないと、実験はしたけれど、結局それでおしまい、という末路が何となく想像されてしまう。そういう意味では、ヴェリブの本気度と比べると、どうしても見劣りがする。

ただし、さすがIT王国・日本だけあって、自転車をステーションから引き出すと、チェーンキーの四桁の番号が自動的に登録者の携帯電話にメールで知らされるし、返却した際も、手続きが完了したことをメールで知らせてくれる。登録者はサービス開始後六カ月の九月末現在で三〇〇〇人あまり。ハマっ子に自転車は受け入れられるだろうか？

「シクロシティ富山」――日本初の本格的コミュニティサイクル

その中で、二〇一〇年三月から自転車一五〇台、ステーション設置数一五カ所で始まった富山市のコミュニティサイクルシステム「シクロシティ富山」は、試行や実験ではないという意味では、〝日本初の本格実施〟といってよいだろう。

事業開始一年三カ月の時点でまとめられた報告書では、総登録件数が一〇七四件、総利用回数がおよそ四万五千回、一日の平均利用回数が一〇五回という数字が出ている。利用者に以前までの移動手段を訪ねた項目では、徒歩からの転換が六〇パーセントと最も多く、公共交通機関は一五パーセントと比較的少ない。また、自動車や自転車（個人所有など）からの転換がそれぞれ、九、八パーセントと、他都市の社会実験に比べると数値が高くなっている。ただ、サービス開始後の自動車の利用頻度については、あまり変化がないという結果が出ており、規模が小さいこと、ほとんどが短距離利用（五分以内が九六パーセント）ということもあって、まだこれからという面も多い。

「シクロシティ利用による意識の変化」についての質問では、「ちょっとした車の利用を見直そうと思う」という項目で、「きっかけになる」と「ややきっかけになる」を合わせると六二パーセント、「普段の生活での車の利用を見直そうと思う」という項目では、両項目合わせて四六パーセントと比較的高く、「アンケートだからそう答えておこうか」というバイアスがないとすれば、意識改革の上では、一定の役割を果たしているようにも思える。日ごろ自転車を邪魔だと思っている自動車のドライバーや歩行者が、どんなふうに受けとめているかが興味をそそられるところである。

富山市は、単に自転車だけを公共交通政策として位置づけているのではない。都市域の「スプロール化」（富山市は平坦な地形であること、自動車への依存や持ち家志向が高いことから、戦後一貫して郊外部での開発が進行し、県庁所在地の中で最も市街地の人口密度が低い都市になっている。＝富山市の公式ホームページより）を食い止めるため、日本初の本格的なLRT（ライトレール、日本では次世代型の軌道鉄道をさす）を二〇〇六年に導入したり、既存の鉄道の活性化を合わせて進めたりと、日本では珍しく、都心部から車を減らすための総合的な施策を実行に移そうとしている都市である。

そういう意味では、自転車が悪者だという印象を払拭し、自転車の利用者もおのずとマナーに気を配る意識が醸成される可能性を秘めた都市だということもできよう。

駅限定のサイクルシェアサービス

こうした町全体での自転車共同利用の試みの変則バージョンとして、私の自宅のすぐ近くで、二〇一一年八月から、駅の駐輪場を拠点にしたコミュニティサイクルの取り組みが始まった。東急東横線新丸子《しんまるこ》駅の駐輪場でスタートした「サイクルシェア」

である。

これは、駐輪場に用意した二〇台の自転車を登録者に有料で貸し出すもので、一回の利用と定期利用の二通りあり、定期利用の場合は、月額三〇〇〇円、一回利用で三〇〇円となっている。定期利用の場合、朝、借りている自転車で駅まで行き、駐輪場に駐車、帰りは再び駅で自転車を借りて自宅に戻るというのがもっとも典型的な利用法である。東急電車の定期券を持っていると月額五〇〇円割引となるので、電車の利用者で一カ月に二〇日利用すると、一日あたり一二五円。自分の自転車を所有していても、この駐輪場に止めようとすると月額二一〇〇円かかるので、自転車の購入費用やメンテナンスの手間や費用を考えると、「お得」である。サービス開始から二カ月弱の九月二四日現在の登録者は、定期利用一五人、一時利用四八人で、土曜日の昼に駐輪場を見てみたら、二〇台のうち一五台は借り出されて

【写真45】東急新丸子駅の駐輪場に置かれた駅専用のレンタサイクル

いた。定期利用の人が全部自宅に持ち帰っているとすると、ちょうど計算が合う数字である。この駐輪場はかなり広いのだが、サイクルシェアの自転車は入口の脇に置かれており、借りるのも返すのも楽で、優遇されているのがわかる。【写真45】

こうした試みはこれまでも各地で行なわれたものの、残念ながら定着した例はあまりない。こちらも今後が気になるところである。

観光地京都のレンタサイクル

通勤や用務としての利用ではなく、観光客向けのレンタサイクルが充実してきたのが古都京都である。二〇一一年四月、市内中心部の近代建築を見るために、東京から一泊二日で京都を訪れた私は、京都駅南口の民間のレンタサイクルショップで、一台の自転車を借りた。京都市内を観光目的であちこち回る際には、以前から自転車がベストだと思っていたが、ここ数年で、レンタサイクル業者が増えたばかりでなく、市内のあちこちで返却できたり、ホテルまで自転車を運んでくれたり、電動アシスト自転車が用意されるようになったりといったサービスが充実してきた。

京都は、中心部では道路が碁盤目上に交差しているため、初めて訪れた者でも迷いにくい。しかも、比叡山《ひえいざん》や大文字山《だいもんじやま》、あるいは鴨川《かもがわ》など、目印となる自然景観が多く、方角もわかりやすい。北に向けてほんの少しずつ勾配があるし、鴨川の東側は東山連峰にかけて上り坂になっているが、乗車に困難をきたすほどではない。また、一部の幹線道路は、東京などと同様、車道を走るか歩道を走るか悩ましいところもあるが、交通量の少ない路地を選んで走れば、その悩みも薄らぐ。

京都ではようやく地下鉄が二路線整備されたとはいえ、JRも私鉄も市内を通る路線は少なく、しかも、それぞれのターミナルがJR京都駅以外に、阪急は河原町《かわらまち》駅、京阪《けいはん》は三条《さんじよう》駅や出町柳《でまちやなぎ》駅などと離れていて、不便といわざるをえない。鉄道の駅から歩いて行ける神社仏閣や博物館は限られており、金閣・銀閣も清水寺《きよみずでら》も竜安寺《りようあんじ》も、バスかタクシーを使わなければたどり着けない。こうした街で次々と何カ所も回るのであれば、一日タクシーを貸切にする財政的ゆとりがないかぎり、その交通手段は自転車がはるかに優位にある。

このときは二日間で、四〇カ所を超す建築を見て歩いたが、公共交通機関と徒歩だけでは絶対に回りきれなかったし、タクシーを使っていたら一〇万円を超す運賃を払うことになっただろう。レンタサイクルの料金は二日間でわずか二〇〇〇円。もちろん、それなりに疲れたが、充実感のほうがはるかに強かった。

とはいえ、京都市そのものが自転車を都市交通体系に組み入れる積極的な取り組みをしているかというと、そのあたりは心もとない。京都市は二〇〇〇年に「京都市自転車総合計画」を発表しており、その中で「自転車を都市交通における有効な交通手段として積極的に位置付け……」と謳《うた》っているが、中身をよく読むと、放置自転車対策が中心である。コミュニティサイクルの導入を目指すとも書かれているが、昨年ようやく小規模で実現したにすぎない。ソフトバンクのグループ企業が運営する「まちかどミナポート」で、ステーションは市内中心部の五カ所にとどまっている。

宇都宮《うつのみや》市の例

自転車を都市交通体系に組み入れようと具体的に動き出した町は、他にもある。

そのうちのひとつは一般にはまだ自転車の町というより「餃子の町」としての知名

度のほうが高い、栃木県の県庁所在地、宇都宮市である。ＪＲ宇都宮駅の西口を降りて少し歩くと、「走れば愉快だ宇都宮」という赤い看板のかかった建物が見えてくる。宇都宮市が自転車利用者のためのモデル施設として位置づけている「宮《みや》サイクルステーション」である。【写真46】

【写真46】JR 宇都宮駅前「宮サイクルステーション」

この施設は、市内観光やサイクルスポーツに関する情報提供を行なうほか、レンタル自転車の貸し出し、自転車利用者のためのシャワーやロッカーなどの設置といった総合的なターミナルとなっている。レンタサイクルといえば、シティ車であるのが普通だが、ここではスポーツ車の貸し出しも行なっているのが特徴だ。

手元にある、二〇一〇年一二月発行の「宇都宮市自転車のまち推進計画」というリーフレットによれば、市では、二〇〇三年から、「自転車利用・活用基本計画」を策定し、「自転車走行空間の確保や駐輪場の整備に積極的に取り組んできた」としている。宇都宮市は地形が平坦で、自転車利用に適していることに加え、市内を走る鉄道は、JR宇都宮線（東北線）と日光《にっこう》線、東武《とうぶ》宇都宮線しかなく、通勤・通学時の交通手段分担率では、全国では二二パーセントある鉄道分担率がわずか五パーセントにすぎず（二〇〇〇年国勢調査より）、もともと自動車や自転車への依存率が高かった。そんな中、市の今後のビジョンを描くにあたって、自転車を柱に据え、現在二〇パーセントの自転車の分担率を一〇年後には二五パーセントに引き上げるという具体的な目標を掲げて、施策を進めている。

市内を実際に走ると、確かに、場所によっては、かなり長い車道上の自転車専用レーンがあったりして、取り組みを具体化している様子がうかがえた。【写真47】

【写真47】宇都宮市内の自転車専用レーン。青く塗り分けられていてわかりやすい

二〇一一年三月までに自転車専用レーンが設置された道路は、五路線で四・五キロ。とはいえ、まだまだ

カラー舗装化した自転車専用レーンはごく一部にとどまり、三〇分ほど定点観測してみたが、自転車専用レーンがあるところでも、歩道を通る自転車のほうが自転車専用レーンを走る自転車よりもはるかに多かった。【写真48】「自転車は歩道を走るもの」と刷り込まれた人たちの意識を変えるには一朝一夕《いっちょういっせき》では難しいし、市内全体でみれば、まだ自転車専用レーンがないところのほうが多いので、市民の意識も「自転車は車道が原則」というところまではいかないのだろう。

【写真48】専用レーンがあっても、まだ歩道を走る自転車が多い。

そんな宇都宮市が、全国的にも珍しい社会実験に取り組んでいる。二〇一一年一一月一九日から一週間ではあるが、市の中心部にある栃木県最大の繁華街である、アーケードの商店街「オリオン通り」で、通りの真ん中を自転車レーン、商店よりの両端を歩行者レーンに分離するというものだ。地方都市発の斬新《ざんしん》な試みが、全国によい波及効果をもたらすことを期待したい。

「自転車問題」は、自転車社会への過渡期

ほかにも、兵庫県加古川市《かこがわ》、茨城県つくば市など、三大都市圏からそう遠くない市域で、総合的な自転車施策を打ち出しはじめたところがいくつもある。これらの地域は共通して、一定の人口集積がありながら、公共交通機関、とくに定時性と大量輸送に適した鉄道の基盤が弱く、車に頼らざるを得ないという性格を持つ。

自転車だけでなく、都市交通全体を見据えたプランを描いているところもあり、これが市民の深い理解のもと、実現できればと思うのだが、そのバラ色の計画図とは裏腹に、首長が変わったとたん、お蔵入りになってしまうのではないかなど、心配は尽きない。

これまでも、自転車を都市交通体系に位置づけようという試みは何度もあった。古くは、一九七三年から始まった「自転車安全利用モデル都市事業」で、全国六四の都市で自転車道路網の整備など、関係する国の九省庁により集中的な自転車乗用環境の整備のための投資が行なわれた。しかし、その計画が完成した都市はひとつもなく、計画そのものが立ち消えになっている。その後も、思い出したように、こうした「自

転車の街」計画が打ち上げられてはいつのまにか風船がしぼむように、絵に描いた餅に終わっている。だからこそ、宇都宮市や富山市、あるいは加古川市やつくば市のチャレンジの行く末が気にかかるのだ。

私は二〇一一年八月に一〇日ほど、旧東欧に位置するヨーグルトとバラの国、ブルガリアを訪れた。自転車の先進事例では絶対に登場しない、自転車後進国である。実際、滞在中に自転車、とくに都市域において、通勤や用務で利用されている自転車にはほとんどといってよいほど出会わなかった。

首都ソフィアは、人口およそ一三〇万人。地下鉄が一路線あるほかは、トラムとトロリーバスが主に都市内の交通を支える、環境に優しい街だが、これは戦後、共産圏に組み込まれた旧東欧の都市共通の事情で、エネルギー革命に乗り遅れて、やむなくトラムやトロリーバスが残ったにすぎない。半日ほど市内を巡ったが、自転車は数えるほどしか見つけられなかった。

車道の自転車専用レーンも、歩道上の自転車専用レーンも、まったく見当たらず、それどころか、大きな道路を横切るために設けられた地下道には、自転車を押して歩くためにタイヤを載せるスロープが設けられていた。同じスロープでも、地下鉄に自転車を乗せるためのソウルの設備とは違い、単に道路を横切るために、自転車は地下通路を通るような道路のつくりになっている。自転車が都市交通としてまったく位置づけられていないことはちょっと街を歩けば明白である。

しかし一方で、この街には、「自転車問題」はほとんど存在しないように見える。放置自転車も見当たらないし、自転車がこれだけ少なければ、歩行者との事故も発生しそうもない。

これまでこの本では、ヨーロッパの多くの国やそれ以外の地域でも、自転車が都市交通において重要な役割を占めはじめていることを述べてきたが、世界中を見渡せば、このようにまだ自転車にまで意識が回らない国がたくさんある。実際、ブルガリアは、東西に長い国を貫く高速道路も全通していないし、そもそも一般道も舗装が不十分なせいか穴だらけで、よほど慎重に運転しないとハンドルを取られることが多いことが、この国を二千キロほど車で走って骨身に染《し》みた。路肩は狭く崩れているので、自転車で長距離を走るのにも向いていないだろう（ちなみに農村域では、いまだに荷馬車が交通の主役である。一〇日間に何百台という荷馬車に、道路で行き合った)。

こうした国を見て、そして世界の途上国の多くがこうした状況だということを考え合わせると、すでに八〇〇〇万台の自転車が普及し、自動車道路もこれ以上ないというくらい整備が進んでいる日本は、なんと恵まれた国なんだろうと思う。多く利用されているがために、自転車がさまざまな摩擦を引き起こしているわけだが、まだまだ道路そのものの整備にお金をかけざるをえない国に比べれば、わずかな予算と決断で、今ある自転車をきっちり都市交通体系に位置づけることができるはずだからだ。

終章　自転車を見つめなおす

「移動権」の担保手段としての自転車

フランスの自転車施策を取材する間、何度も聞かされたのが、「移動権」という言葉である。人は誰でも自由にそして快適にどこへでも移動できる権利を有する。その権利を「移動権」と呼ぶ。

自転車が有しているのは、まさに「究極の移動権」である。自転車は、思いのまま道路を選び、渋滞や決められたダイヤに縛られずに、しかもある程度長距離を移動することができる。まさに移動権を保障する最適な乗り物なのだ。比較的安価で、少し練習すればたいていの人が乗れるし、ガソリンも不要、維持費もそれほどかからないという特質は、「弱者の移動権」を支える貴重なツールであることを示している。パリのヴェリブが、Ｖéｌｏ（自転車）とＬｉｂｒｅ（自由）の合成語であることは、その精神をよく言い表わしている。

日本の都市交通は、一般に弱者にあまり優しくない。階段やエレベーターを使わず、ほぼ同じ平面上で気軽に乗れる路面電車は、広島、長崎、鹿児島など一部の都市を除いて、車の通行の妨げになるという理由で、一九六〇年代から七〇年代にかけて、その多くが駆逐《くちく》された。

地下鉄と私鉄やＪＲが相互乗り入れしている東京や京阪神などの大都市圏の鉄道は世界一便利だという向きもあるが、私にはあまりそうは思えない。二〇一二年の春にも、東急東横線が東京メトロ新都心線と相互乗り入れし、横浜方面から乗り換えなしで、新宿や池袋、さらには東武東上《とうじょう》線、西武池袋線方面へ行くことができる、と盛んに喧伝《けんでん》されている。しかし、この便利なはずの〝乗り入れ〟によって東横線渋谷駅のホームは地上から地下五階にもぐり、地上からのアクセスも遠くなるし、ＪＲや東京メトロ銀座線、京王井《けいおうい》の頭《がしら》線、バスなどとの乗り換えも格段に不便になる。別の路線でひとたびダイヤが乱れれば、乗り入れでつながっているすべての路線のダイヤも乱れる。

さらに、直接乗り入れても、会社が違えば運賃はそれぞれの運賃を合算することになるので割高になる。世界の多くの都市で、一定のゾーン内であれば、（ソウルのように）地下鉄もトラムもバスも、乗り換えをしても同一運賃という制度を採用しているところが多いことを考えると、そのたびごとに初乗り以上の運賃を払わされる日本の運賃体系は、決して利用者に優しいとはいえないだろう。

公共交通の利用者に優しくない街とは、結局のところ、自転車にも優しくないし、ひいては弱者全体の移動権を保障していないのではないかと感じてしまう。自動車優先に考えられた社会は、自転車だけにしわ寄せが押しつけられているのではなく、すべての移動者、とりわけ弱者への視点が欠けていると思わざるをえない。

選挙運動中だけ、名前の入った幟《のぼり》を立てて自転車に乗ったり、電車に乗って名前を連呼して握手攻めをしたりする議員候補たちも、ひとたび当選するや、自動車でいそいそと移動する生活に戻り、自転車や公共交通のことを忘れてしまうからではないかなどと、つい政治家に矛先《ほこさき》が向いてしまう（自転車活用推進議員連盟という、錚々《そうそう》たる顔ぶれの国会議員が加盟する集まりもあるので、弱者に優しい視点を持ち、そうした社会を実現しようと真剣に取り組んでおられる方もいるようだが）。

自転車に対し、苦い思いを抱いている人も少なくない現在の日本ではあるが、断罪すべきは、自転車に乗っている個人や自転車という乗り物ではなく、都市交通を総合的にとらえ、その中で車いす、ベビーカー、歩行者などを守りつつ、強者が利便性を少し我慢することと引き換えに、全体として個々の「移動権」を保障するという強固な哲学と優しいまなざし、そしてスピーディーな実行力が欠落した政治や行政の貧困であろう。

多くの議員や公務員が欧米の先進地に山ほど視察に出かけていても、いっこうに芯が通った骨太の議論が巻き起こらないのは寂しい限りである。

東日本大震災を契機に

二一世紀になって、自転車を都市交通の主役に据えようと大きく舵を切った都市の多くは、そのきっかけは〝事件〟であった。

パリでは、毎年のように行なわれるゼネストで公共交通機関がストップするのに業を煮やした市民が自転車への転換を後押しした。ロンドンがこのあとで述べる「自転車革命」を打ち出した背景には、二〇〇五年七月の同時爆破事件により、地下鉄三路線が一カ月も運行できなくなり、その体験が、大胆な転換に賛意を示す市民の民意の伏線となった。韓国の突然ともいえる自転車優先政策への転換にも、二〇〇七年の原油の高騰《こうとう》が大きな誘因として隠されている。

そういう意味では、東日本大震災で自転車が見直されている日本も、この不幸な天災を今後の転換のきっかけにできるかどうかが問われているといえるかもしれない。

まして、原発事故は長期的な電力不足をもたらし、エネルギー政策の転換そのものを突きつけている。現時点では、原子力か自然エネルギーかといった二者択一の議論が多いが、電気だけでなく、石油やガス、そのほかの資源も含めた総合的なエネルギー政策の視点が求められるだろう。それは、都市交通体系の分野でも、省資源の優等生である自転車にきっちりと役割を与えるという明確な哲学とそれを実現する具体的なビジョンを持つということでもある。

しかし一方で、弱者にとっては、雨風にさらされる自転車よりも、自動車のほうがはるかに快適に「移動権」を行使できるという人もいよう。また、自転車シフトが進みすぎて、公共交通の運営に支障となったり、荒天などで多くの人が自転車に乗れないときに、いっせいに車や鉄道が利用されることで、かえって混乱をきたしたりするとすれば、それは行き過ぎというものだろう。

それぞれの都市によって、理想的な移動手段の比率は異なるはずで、そこを冷静に見極め、自転車へのシフトを自発的に促すような政策的誘導を行なうことが求められる。日本では、えてして政策が極端にぶれて、必要のない人にまで自転車利用を強要するようなことが起こりかねないが、それでは逆に個人の「移動権」を侵《おか》すことになってしまう。

私がこれまで自転車先進国で出会ったサイクリストたちは、だれもが楽しそうに心から自転車利用を楽しんでいるように見受けられた。この本で挙げた数々の障害や危険を、個人の工夫だけではなく、制度や法律で乗り越えて、それでも乗りたい自転車へと変えてきた先進事例に、私たちは学ぶべきだろう。

ロンドン市による「哲学の実践」

第五章ではフランス・パリと韓国・ソウルの革新的な自転車シフトへの試みを一部紹介したが、二〇一〇年には、イギリスの首都ロンドンが、「自転車革命」と自ら呼ぶ、これまたコペルニクス的展開で、自転車都市の仲間入りを宣言した。階級社会が今も根づき、韓国同様、自転車は成人男子が乗るものではないという意識が根強かった紳士の国、そしてロールス・ロイスとジャガーの国で、自転車を都市交通の基軸に据えるという画期的な宣言を行なったのだ。

ボリス・ジョンソン市長は、「CYCLING REVOLUTION LONDON」【写真49】という提言書の前文で、“I'm determined to turn London into a cyclised city — a civilised city where people can ride their bikes safely and easily in a pleasant environment.”（私はロンドンを快適な環境で自転車を安全で気軽に利用できる自転車都市＝洗練された都市へと転換することを決意した）と高らかに謳っている。九〇ページにも及ぶこの冊子は、ロンドン市交通局のホームページでも簡単に閲覧できるが、これを読むと、実にきめ細かな施策が、哲学を具現化する手段として記されている。

【写真49】ロンドン市交通局の冊子「CYCLING REVOLUTION LONDON」の表紙

私が驚くのは、学校で子どもたちに自転車の乗り方などをきちんと教える「CYCLING TRAINING」が重要な要素として盛り込まれている点と、鉄道、地下鉄、バスなどとの連携が「Integration with other modes of transport」（他の移動手段との統合）という項目の中で、きっちりと位置づけられている点である。自転車が、それ単独ではなく他の移動手段といわばセットで都市交通の役割の一部を担うという明快なコンセプト、自転車はオートバイや自動車のような運転免許証こそ不要ではあるが、ルールを知りそれを守ることが重要である以上、そのルールを伝え

【写真50】ロンドンでコミュニティサイクルに乗る市民（2011年9月撮影）

【写真51】ロンドンのバスレーンと共有の自転車レーン。オートバイやタクシーも走る。駐車車両を取り締まるために監視カメラを置くという徹底ぶり

る場が必要だというコンセプトが明確化され、それを実現するための手段が明記されていることは、日本にとっても大きなヒントとなろう。なお、ロンドンではこれに先立ち、二〇〇三年から中心部へ乗り入れる車に課金して流入を制限する「ロードプライシング」を導入しており、すでに三〇パーセント以上の交通量の削減を実現している。このあたりの施策も、哲学の深みを感じさせる。【写真50】【写真51】

『イル・ポスティーノ』

二〇一一年六月にパリのヴェリブを体験したおり、私はそのパリで偶然にも本物の自転車が舞台に登場するオペラを鑑賞した。セーヌ川のほとり、シャトレ座で上演された『イル・ポスティーノ』である。オペラ好きな人は、「あれ、そんなオペラあったっけ?」と思うだろうし、映画好きな人なら、「それって映画のタイトルではないの?」と思うかもしれない。

一九九四年に公開されたイタリア・フランス合作の映画『イル・ポスティーノ』と内容はほぼ同じで、原作はチリの作家が書いた小説である。この映画をもとに、三大テノールの一人プラシド・ドミンゴがプロデュースし、二〇一〇年にアメリカで初演されたオペラが、シャトレ座で、彼自身の主演で上演されたのだ。

この作品はドミンゴが自ら演じる主人公のチリ人作家と、彼に郵便を届ける郵便配達夫（イタリア語で、イル・ポスティーノ、小説や映画の題名は和訳すれば「郵便配達夫」である）の心の交流がテーマとなっており、自転車は二人を結ぶ小道具として重要な役割を果たしている。パリの地下鉄の構内に目立つように飾られていたこのオペラのポスターにも、大きく自転車のイラストが描かれていた。【写真52】

【写真52】自転車をあしらった『イル・ポスティーノ』のポスター

今や世界各地で新幹線に代表される高速鉄道が走るようになり、時速五〇〇キロのリニア新幹線の建設計画も具現化しつつある昨今、普通に走れば時速二〇キロ程度しか出ない自転車は、もはや時代遅れの遺物と化そうとしていたはずなのに、環境、健康、都市政策など多方面の観点から注目を集めはじめた。そこには、等身大で景色を眺め、風を感じ、季節と触れあえる、ある種の人間回帰をもたらす交通手段として見直されつつあるという背景があるように思う。海辺でのんびり暮らす作家と心を通わせるためには、自動車やオートバイではなく、自転車こそがふさわしい乗り物であったことが、『イル・ポスティーノ』映画やオペラを見ると伝わってくる。その意味では、ヴェリブにまたがり、人々がゆったり行き交うことが定着しはじめたパリで、自転車が舞台に登場するこのオペラが上演されたのは、偶然とはいえ象徴的なできごとだったのかもしれない。

そうした視点で見れば、二〇一〇年前半のNHK朝の連続テレビ小説『ゲゲゲの女房』のオープニングタイトルでは、松下奈緒《まつしたなお》演じる〝女房〟(水木しげるの妻)が自転車で走るシーンが使われていたし、二〇一一年夏に公開された、スタジオジブリ作品『コクリコ坂から』の象徴的なシーンは、主人公の二人が自転車の〝二人乗り〟(法律違反だが)で坂道を駆け下りる場面であった。

ノスタルジックな装いをまとう自転車が、よくも悪くも注目され、このアナログ的で、二〇世紀どころか一九世紀生まれの古めかしい移動手段が都市政策に大きな役割を果たしつつあることの意味を、私たちは文明論的、かつ巨視《きょし》的な観点からとらえ直すことを求められているのかもしれない。

ラジオの役割と重ねて

これまでこの本の中で、自転車を時に自動車と比較しながら論じてきたが、自動車と自転車の関係は、テレビとラジオの関係に似ているように思える。

映像による圧倒的な情報量を誇るテレビの登場の前に、ラジオは放送メディアの主役の座を降り、人知れず消える運命にあるように思われた時期がある。しかし、音声だけしか伝達手段がないデメリットは、逆に人々の想像力を刺激し、またパーソナリティがリスナー一人ひとりの心に直接語りかけるようなまさにパーソナルなメディアとしての認識も定着し、テレビでは果たせない、人に優しいメディア、弱者に寄り添うメディアとして見直されつつある。

電源がなければ見られないテレビと違い、乾電池などでも聴けるために、震災時に貴重な情報源として役立ったことは、ガソリンが手に入らず、走れなくなった自動車に代わって、移動の救世主となった自転車の役割と相通ずるものがある。

自動車にしろ、テレビにしろ、依存しすぎると、人間らしい生活にとってマイナスになりかねない要素があるのも、共通しているように感じる。

自転車を邪魔者とみなし、歩道に押し込めて、自動車優先の道路行政を基本的には変えてこなかった日本の交通政策のあり方は、テレビ重視でラジオをどちらかいうとないがしろにしてきた日本の放送メディアの姿勢と似ているのかもしれない。

『生物と無生物のあいだ』などのベストセラーで知られる生物学者・福岡伸一《ふくおかしんいち》さんは、その著書で「生物とは『動的平衡《へいこう》』にある流れである」と定義しているが、止まろうとすると転んでしまい、適度なスピードで走っているときがいちばん安定する自転車もまた、私にいわせれば「動的平衡にある流れ」そのものである。

その動的平衡をできるだけ損なわない道路を整備し、車や鉄道の一部の機能を肩代わりさせることが、自転車の持ち味を発揮する最良の方法のひとつである。これが長年自転車とともに都市交通のありかたを考えてきた私が得た体感的教訓である。

新たな通達

この本の原稿を書き上げていた二〇一一年一〇月二五日、警察庁は、各都道府県の警察に対し、「良好な自転車交通秩序の実現のための総合対策の推進について」と題した通達を出し、メディアにも大きく取り上げられた。これは、東日本大震災以後の自転車利用者と自転車事故の増加を受けて、自転車からの〝歩行者保護〟を主眼としたものである。

A四サイズの用紙五枚にわたるこの文書には、「一・自転車の通行環境の確立、二・自転車利用者に対するルールの周知と安全教育の推進、三・自転車に対する取り締まりの強化」といった三つの施策が挙げられている。詳細に読むと、自転車専用信号の設置や教育機関における安全教育の実施、なかでも中学生以上には加害事故の責任の重大性がイメージできるような教育手法を採用すること、さらには、部内職員（つまり警察官）に対し、自転車通行ルールについて教養を徹底することなど、この本でこれまでに指摘したことが具体的に盛り込まれている。

メディアでは、〝アンチ自転車〟の風潮に合わせる形で、「この通達は、自転車の車道通行原則を徹底し、歩道から危険な自転車を追放し、取り締まりを強化しようとするものだ」というところだけが強調されているが、通達のすべてに目を通せば、自転車利用者に十分配慮した施策にもきちんと言及されていることがわかる。

たとえば、パーキングメーターについても、利用の少ないところでは撤去《てつきょ》し、代わりに自転車道を設け、利用率が高く撤去できないところは、パーキングメーターのある通行帯（第一車両通行帯）を、駐車枠と自転車道に振り分けるというようなことも書かれている。自転車利用者、とくにこれまで車道を走るたびに駐車車両に苦しめられてきた利用者にしてみれば、ようやく警察がこういうところにも目を配るようになったのかと、ある種の感慨を抱《いだ》くのを禁じえない人も多いだろう。各都道府県警察でも、この通達を受けて、具体的な検討が始まっている。警視庁では、早速、車道の両端に設ける自転車走行用の道路に描く表示について発表を行なった。

たしかに、これまでにない画期的な具体策が盛り込まれている。しかし、「総合対策」とはいいつつも、はるかに進んでしまった現実に対し、対策が後手に回っている感は否めない。また、国として自転車をどう位置づけるのか、つまり、警察が主導する保安・安全上の問題からだけではなく、将来訪れる可能性のある「自転車社会」のビジョンについて、国がきちんとした哲学を示すところから始めなくてはならない。業界（自動車の製造メーカーやトラック、タクシーなどの団体）も含め、圧倒的に声が大きい自動車のドライバーたちが、そのことを理解していなければ、結局のところ、「歩道」で起きていた「自転車問題」が、「車道」に移るだけになってしまうかもしれないからだ。

ＴＢＳラジオで放送されている、ホットなニュースを深く掘り下げることで定評のある「ニュース探求ラジオＤｉｇ」では、通達が出された三日後の一〇月二八日に、一時間半にわたって、リスナーの声も交えながら、自転車を巡る現状についてたっぷりと伝えた。このようなメディアの取り組みだけでなく、自転車の利用者、ドライバーや歩行者、行政や警察、そして交通や都市デザインの専門家などが意見を交換し、自転車に対する市民の認識を深め、目指す方向を一致させる場が、これからは必要になるだろう。

おわりに

私はこの新書の原稿のアイデアの多くを、日々通勤している自転車の上で思いつき、自宅に戻ってから書き溜めてきた。そういう意味では、まさに自転車とともに書き上げた本だともいえる。東京だけでなく、横浜で、宇都宮で、パリで、ソウルで、それぞれの街の表情を眺めながら自転車で移動するのは、理屈抜きで心弾《はず》む時間であった。東日本大震災の年として後に記憶されることになるであろう二〇一一年がまもなく終わろうとしているが、自転車への関心が高くなっている今こそ、立ち止まって自転車のありかたを一度突き放して考えるときなのだろう。

そして、「それでも乗りますか?」と問われて、今、世界の多くの国が、「それだからこそ自転車」と立ち上がりはじめていることを意識しつつ、一方で、日本特有の事情にも十分配意しながら、今後の都市内の移動のありかたについて、真剣に向き合うときでもある。

韓国やイギリスのように一気に行なう強制力やパワーは日本にはふさわしくないの

だとすれば、今ある問題を解決するために、小手先の策ではなく、まさに哲学を掲げ、コンセンサスを積み重ねながら進んでいくことが求められている。

自転車は老若男女、誰でも免許不要で乗ることのできる手軽な乗り物ではあるが、そのぶん、自分自身が運転する資格を持つに値するかどうかを厳しく問う必要がある。その基準は、まさに「ルールを守る覚悟」があるかどうかであろう。

五〇歳の大台を越え、体力も下り坂の私だが、せめて勤務先への往復くらいは、危険や矛盾と戦いながら、今後もサドルの上から、都市交通のありかたを考えていきたいと思っている。

自転車に関しては、国内でもこれまでに実に多くの著作がさまざまな観点から書かれている。個々にお名前は挙げないが、自転車を語るキーマンともいえる先達も何人かいらっしゃる。それでも、「自転車の専門家」以外にも、日々自転車のありかたを考えながらペダルを漕いでいるサイクリストがいることを知ってもらいたいと思い、筆をとらせていただいた。知識や取材が不十分で記述に誤りや思い違いがあるかもしれないが、ご指摘があれば謙虚に受けとめたい。

韓国の最新事情を教えていただいたソウル市瑞草区庁交通運輸課のパク・ミンギュ氏をはじめ、取材や資料提供などでご協力をいただいた多くの関係者の方々にあらためて謝意を表したい。また、本文中で、私と私の家族が自転車事故の加害者となった経緯とその後について触れたが、被害に遭われたそれぞれの家族の皆さまには、この場を借りてあらためて謝罪し、今後の安全運転を約束して筆をおきたい。

佐滝剛弘

【主な参考資料】

『自転車利用促進のためのソフト施策』古倉宗治　ぎょうせい（二〇〇六年一二月）
『自転車事故過失相殺の分析　歩行者と自転車との事故・自転車同士の事故の裁判例』　財団法人日弁連交通事故相談センター東京支部過失相殺研究部会　ぎょうせい（二〇〇九年九月）
『パリを自転車で走ろう』伊藤文　グラフィック社（二〇一〇年九月）
『平成22年度自転車の安全使用指針の検討【自転車の利用実態調査より】報告書』　財団法人　自転車産業振興協会（二〇一一年三月）
『ここが違う、ヨーロッパの都市政策』片野優　白水社（二〇一一年四月）
『交通安全白書』内閣府（二〇一一年六月）
『自転車歩行者兼用道路安全実態調査結果』韓国消費者院安全局生活安全チーム（二〇一一年七月）
『自転車統計要覧第四五版』財団法人　自転車産業振興協会（二〇一一年九月）
＊ほかに国内外の関連自治体のホームページとそこで閲覧できる公式資料・データを多く参照

切りとり線

★読者のみなさまにお願い

この本をお読みになって、どんな感想をお持ちでしょうか。祥伝社のホームページから書評をお送りいただけたら、ありがたく存じます。今後の企画の参考にさせていただきます。また、次ページの原稿用紙を切り取り、左記まで郵送していただいても結構です。

お寄せいただいた書評は、ご了解のうえ新聞・雑誌などを通じて紹介させていただくこともあります。採用の場合は、特製図書カードを差しあげます。

なお、ご記入いただいたお名前、ご住所、ご連絡先等は、書評紹介の事前了解、謝礼のお届け以外の目的で利用することはありません。また、それらの情報を6カ月を超えて保管することもありません。

〒101―8701（お手紙は郵便番号だけで届きます）
祥伝社新書編集部
電話03（3265）2310
祥伝社ホームページ　http://www.shodensha.co.jp/bookreview/

★本書の購買動機（新聞名か雑誌名、あるいは○をつけてください）

＿＿＿＿新聞の広告を見て	＿＿＿＿誌の広告を見て	＿＿＿＿新聞の書評を見て	＿＿＿＿誌の書評を見て	書店で見かけて	知人のすすめで

★100字書評……それでも、自転車に乗りますか?

名前

住所

年齢

職業

佐滝剛弘　さたき・よしひろ

1960年、愛知県生まれ。東京大学では人文地理学を専攻するかたわら、自転車部で活動、1981年度の東日本学生サイクリング連盟理事長を務める。現在はサラリーマンとしての本業の合間に、プライベートで世界遺産、産業遺産、近代建築、交通、観光、郵便制度などの取材・調査を続けている。著書に、『郵便局を訪ねて１万局』(光文社新書)、『日本のシルクロード』(中公新書ラクレ)、『「世界遺産」の真実』(祥伝社新書) など。

それでも、自転車《じてんしゃ》に乗《の》りますか？

佐滝剛弘《さたきよしひろ》

2011年12月10日　初版第１刷発行

発行者……………竹内和芳
発行所……………祥伝社しょうでんしゃ
〒101-8701　東京都千代田区神田神保町3-3
電話　03(3265)2081(販売部)
電話　03(3265)2310(編集部)
電話　03(3265)3622(業務部)
ホームページ　http://www.shodensha.co.jp/

装丁者……………盛川和洋
印刷所……………萩原印刷
製本所……………ナショナル製本

Printed in Japan　ISBN978-4-396-11261-5　C0236